青少年励志丛书

王文华◎编

STORIES OF ACADEMICIANS

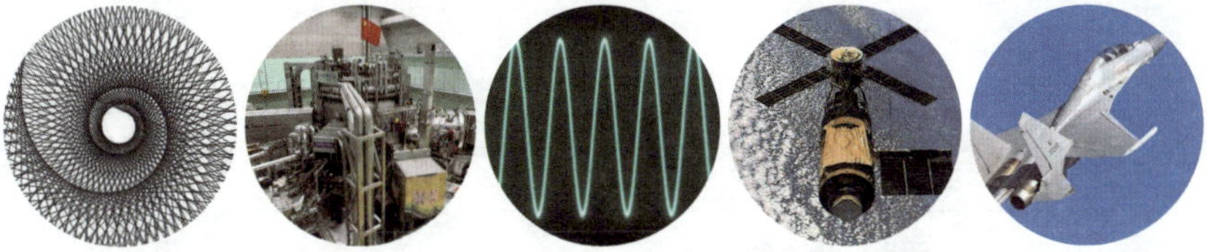

院士的故事3

西南交通大学出版社
·成　都·

图书在版编目（CIP）数据

院士的故事. 3 / 王文华编. --成都：西南交通大学出版社，2023.8
（青少年励志丛书）
ISBN 978-7-5643-9425-7

Ⅰ. ①院… Ⅱ. ①王… Ⅲ. ①院士 – 生平事迹 – 中国 – 青少年读物 Ⅳ. ①K826.1-49

中国国家版本馆 CIP 数据核字（2023）第 147141 号

青少年励志丛书
YUANSHI DE GUSHI 3
院士的故事 3
王文华　编

出 版 人　王建琼
策划编辑　孟秀芝
责任编辑　孟秀芝
封面设计　原创动力

出版发行　西南交通大学出版社
（四川省成都市二环路北一段 111 号
西南交通大学创新大厦 21 楼）
发行部电话　028-87600564　028-87600533
邮政编码　610031
网　　址　http://www.xnjdcbs.com
印　　刷　四川煤田地质制图印务有限责任公司

成品尺寸　146 mm × 208 mm
印　　张　9.5
字　　数　153 千
版　　次　2023 年 8 月第 1 版
印　　次　2023 年 8 月第 1 次
书　　号　ISBN 978-7-5643-9425-7
定　　价　42.00 元

序

习近平总书记2021年5月28日在中国科学院第二十次院士大会、中国工程院第十五次院士大会、中国科协第十次全国代表大会上的讲话中指出，殷切希望广大院士做胸怀祖国、服务人民的表率，做追求真理、勇攀高峰的表率，做坚守学术道德、严谨治学的表率，做甘为人梯、奖掖后学的表率。2023年2月21日在中共中央政治局第三次集体学习时的讲话中指出，要在全社会大力弘扬追求真理、勇攀高峰的科学精神，广泛宣传基础研究等科技领域涌现的先进典型和事迹，教育引导广大科技工作者传承老一辈科学家以身许国、心系人民的光荣传统，把论文写在祖国的大地上。

“创新之道，唯在得人”。院士是我国科学技术方面和工程科技领域的最高荣誉称号，是我国科技事业的领军人物。他们的精神风范、学识才智令全社会敬仰，长期以来为国家科技进步和经济社会发展做出了巨大贡献。在他们身上，闪耀着以“爱国、创新、求实、奉献、协同、育人”为内涵的科学家精神，是青少年应该追的“星”。

为贯彻落实教育部等十八部门联合印发《关于加强新时代中小学科学教育工作的意见》，大力弘扬科学精神和科学家精神，引导青少年形成正确的世界观、人生观、价值观和科学观，由成都市科学技术协会牵头，邀请学术界成就斐然并热心于科普公益事业的一众科学家、科普作家，共同打造面向青少年群体的科普读物《院士的故事》丛书。该丛书通过生动鲜活的科学家形象、曲折又丰满的科研历程、质朴感人的探索故事，诠释着科学家精神的真谛，殷切期望更多青少年走进两院院士的工作和生活，在青少年群体中形成热爱科学、崇尚科学的风尚，最终汇聚形成引领新时代人才发展的强大精神力量。

我作为“两院”院士一分子，把这套丛书推荐给广大青少年朋友，希望他们从院士的故事中受到启迪和教育，以老一辈科学家为榜样，肩负起建设科技强国的重任，为我国早日实现高水平科技自立自强努力奋斗。

成都市科学技术协会　名誉主席

中国科学院院士

美国国家工程院外籍院士

目录
CONTENTS

数学大家

中国科学院院士柯召的故事

◎ 院士简介

柯召

柯召（1910.04.12—2002.11.08），浙江温岭人，数学家。中国科学院首批院士，1933年毕业于清华大学算学系，1937年在英国曼彻斯特大学获博士学位。1938年回国后，大部分时间在四川大学工作，历任系主任、教务长、科研部主任、数学研究所所长、副校长、校长、名誉校长等职。从1954年起连续当选为第一至第七届全国人大代表，曾任四川省政协副主席、九三学社中央副主席及四川省主委、中国数学会副理事长及名誉理事长、四川省数学会理事长、四川省科协名誉主席、国务院学位委员会第一届学科评议组成员、国家教委高等学校理科教材编审组“代数、数论”组成员，《数学学报》编委，《数学年刊》副主编，《四川大学学报（自然科学版）》主编、编委会主任等职务。

柯召是我国近代数论和组合论的创始人之一。他的关于不定方程卡特兰问题的研究结果与方法，在国际上被誉为“柯氏定理”与“柯氏方法”。他与国外数学家合作的“爱尔特希-柯-拉多定理”，已成为组合论中一个里程碑式的成果。在担任中国人民解放军总参谋部科学顾问期间，他为发展国防应用数学做出了杰出贡献。他为我国数学科学发展做了大量工作，1963年和1978年，两度参加了制订国家科学发展规划的工作。从教70年来，他为国家培养了一批杰出的数学工作者。他曾多次获国家、省部级科技奖励及优秀教材奖，1960年曾出席全国文教先进工作者会议，1999年获何梁何利科技进步奖。

1.1 爱数学，也爱围棋

网络上介绍柯召院士的文章后面有这样一条留言：

突然感觉自己数学不好，对不起老院士！我就想知道，老院士，您老的数学是怎么学的？怎么就会那么好，那么容易？

笔者在40多年前就听说过柯召的名字和他的故事，这条网友留言也许正是笔者写这篇文字的冲动之

四川大学柯召铜像

一。2002年深秋，柯召在北京辞世。20年过去，虽斯人已逝，但其风骨长存，硕果流芳。

1910年4月12日，浙江太平县（现浙江温岭）一个半农半商的家庭里传来一阵新生婴儿的啼哭声，柯伯存的儿子在这天呱呱落地，柯伯存给儿子取名柯召，字惠堂。儿子的到来给这个家庭带来了欢乐。柯家家境平平，日子过得紧巴巴，父亲种几亩田，兼开了个小店铺，全家人还是吃得半饱不饱。母亲骆明是家庭主妇，善良朴实，勤俭持家。柯召已记不清是怎样断断续续在艰难困苦中念完小学的。

柯召年幼时格外机敏，记忆力很好，5岁便开始读书识字。柯伯存对儿子要求很严格。1921年柯召刚满11岁，本已可升中学，因年幼，父亲便让柯召在家乡读了一年私塾，虽只读了一年，却打下了良好的古文功底，小学期间，柯召对传统文化知识和科学知识都有着浓厚的兴趣，成绩一直很好。

柯召生性文静，特别喜欢动脑筋。小学期间，他便学会了围棋，课余时，他也最喜欢下围棋，进步很快，同学中罕有对手，常与大人对弈。

1922年，柯召12岁，他考入杭州安定中学。柯召首次离家，到数百里之外的杭州安定中学就读。安定中学环境良好，师资较强，坚持“修身、养性、齐家、治国、平天下”的办学理念。那时候，柯召的兴趣转到数学方面，特别喜欢找数学难题做，不同寻常。这位身体单薄、聪慧文静的大男孩有别于一般的泥猴似的娃娃，当别的同学都在操场上欢声笑语、蹦蹦跳跳时，他每每躲在房间里全神贯注地解着数学难题，在别的同学看来枯燥无味的数字，他却觉得趣味无比。

每逢周日同学们结伴出游，他就独自坐在教室里读书、思考数学问题，在老师的循循善诱下，他爱上了数学。兴趣是最好的老师，他认定，数学这所迷宫，钻了进去，寻寻觅觅，虽然费尽心机，却是奇趣无穷。他认定自己要一辈子和数学打交道，从此他便与钟情的阿拉伯数字“纠缠”了一生。柯召只要回忆起他的中学时代，就会告诉别人：“那是我一生的转折点，是老师为我指点了迷津。”

柯召晚年时告诉爱女柯孚久说：“我看数学比读小说还有兴趣！”以致多年以后，80余岁的柯召仍能感受到少年时代解析三等分角难题的乐趣。每当他同他的学生谈起那些过往旧事，眸子中总是闪烁着愉快的光芒。

1.2 从厦门大学到清华大学

1926年，柯召16岁，中学毕业后考入厦门大学预科。但是，家里是绝对没有钱供他上大学的，他就自己去打工，为人家抄抄写写，清扫挑抬，什么都干，好歹挣来一点微薄之薪，生活之艰苦是可想而知的。

两年后，柯召升入厦门大学数学系本科。这个选择，决定了他终生奋斗的目标。当时，鲁迅、林语堂都在厦门大学任教，学校学术气氛浓郁。在大师的熏陶下，柯召视野日益开阔，学识不断增进，对数学的兴趣也愈加浓厚。柯召和鲁迅是老乡，1927年1月，厦门大学浙江同乡会欢送鲁迅先生赴粤并留影，照片中间站着鲁迅先生，前排右起第一个就是算学系预科学生柯召，跟当时许多青年一样，他也是鲁迅的崇拜者。

厦门大学虽有鲁迅等文科名家令年轻学子向往，但其数学氛围显然不能令柯召满意。1930年，柯召20岁那年，他已在厦门大学读了两年预科、两年本科，当时本科尚未毕业，柯召想转入条件更好的清华大学，但转校需要一笔数目不小的学费，柯召因经济拮据，便不得不放弃学业，又回到家乡，受聘于海门东

照片中最年轻的是算学系预科学生柯召（前排右一）

山中学，成为一名数学教师，为的就是赚够学费去清华大学求学，他毕竟还是向往着深造。

筹得学费后，1931年，柯召通过考试转学到清华大学算学系，圆了自己的清华大学梦。这时的柯召虽刚20出头，却已懂得追求更高的目标，设计自己的人生阶段。在这里，一流的名师、天才的同学使柯召如鱼得水。当时，算学系是清华大学很有名的专业，系里教授熊庆来、孙光远、杨武之、郑桐荪等都是从欧美归国的数学家，华罗庚、陈省身、吴大任、许宝騄这些后来皆为国际数学领域的大师级人物，当年就是

柯召的先后同学。年轻的柯召脑海里就是这样充满着追求和遐想，总想寻找自己向往的天地，哪怕等待他的并不是铺满鲜花的道路。

当时，华罗庚是系里的职员，陈省身与吴大任是研究生，柯召和许宝騄则是本科生，这些良师益友无疑对柯召的学习产生巨大的影响，后来这五人都成了著名的数学家。

在清华大学，柯召受到芝加哥大学博士、在数论上拥有专长的数学家杨武之的悉心教导。杨武之爱好围棋，常把柯召拉过去“杀”上几局，细心的柯召发现，老师在下棋过程中往往融入数学思维，把数学与围棋联系起来，这令柯召大为感叹。杨武之的儿子杨振宁也在此时便与柯召相识。

算学系主任熊庆来得知柯召家境不好，便安排他协助导师批改微积分作业本，每月有20元报酬，那时每月的伙食费大概5元钱，这已是很大一笔收入，不用再为生计发愁。柯召批改的作业中，就有后来做了中国科学院院长、著名化学家卢嘉锡的作业，卢嘉锡每每在与柯召叙旧笑谈时便称自己为学生。清华大学算学系淘汰率极高，柯召这届30余名学生不是留级就是转系，最后只有柯召与许宝騄两人毕业拿到了毕业文凭，可见清华大学教学的严格以及柯召学业的出色。

几十年后，柯召曾对他的学生讲道，当年读清华大学的时候，他险些遇到麻烦。学生纳闷，柯老从来都是在专业上表现优秀，此话从何说起呢？原来，柯召从小喜静不喜动，体育课差得要紧。当年清华大学规定，凡游泳课不及格是拿不到毕业文凭的，并且，体育课教师马约翰是出了名的严格，由他把关，不可能有人蒙混过去。然而柯召幸运得很，他是由厦门大学转学而来的，当时体育课已经结业，如此便躲过了这项基础课。在清华求学这几年，是柯召一生的幸福时光，老师和同窗都是数学界精英，他们朝夕相处，相互砥砺。

1.3 考取中英庚款的公费留学生

1933年，柯召以优异成绩从清华大学毕业，同年应南开大学数学系姜立夫教授之邀，到南开大学数学系任助教。当时南开大学数学系实属“一人系”，高等微积分、立体解析几何、微分几何、复变函数论、高等代数、投影几何等七八门课，全由姜立夫先生一人主讲，姜立夫是哈佛大学的数学博士，教学态度很严谨。柯召也是南开大学唯一一位助教，各年级学生作业全部由他阅改，任务很重，什么课都得上，柯召教过复变函数、实变函数、理论力学等，他孜孜不倦，做得十分出色。他认为，这对他打好扎实基础大有好处。

这一时期，柯召已经推开了数学王国的一扇门，而当他于1935年进入英国曼彻斯特大学时，这扇门便向他彻底打开了，他得以登堂入室，成为一名令国际数学界刮目相看的杰出数学家。

1935年，柯召已在南开大学当了两年助教。这年，他又一次以优异成绩考取了中英“庚款”的公费留英学生（数学专业只取两名，全国挑选，竞争激烈），主管部门本想派他到剑桥大学，这可是许多留学生的目标，不过，柯召却主动要求改派到曼彻斯特大学，因为那里有世界一流的数学家吸引他，更适合他的研究方向。于是这年夏天，柯召尚未抖落旅途的劳顿，还未来得及观赏异国的风光，便走进了曼彻斯特大学。

柯召在曼彻斯特大学的导师是世界著名数学家莫德尔（L. J. Mordell）教授。这位莫德尔教授向初次踏上欧洲大陆的柯召了解了一些基本情况，提了几个问题，并审阅了柯召在清华大学的毕业论文，他用满意的眼光打量这个面容清瘦、个子不高的中国小伙，满意地笑了，当即同意收其为徒，还破例将他三年的学习时间缩减为两年。

莫德尔交给柯召的第一个研究课题叫“关于闵可夫斯基猜想”，教授一脸肃穆地对他说：“两个星期后你来见我。”对于求知若渴的柯召，这可是千载难逢的“入场券”。莫德尔从不轻易收学生，只有证明自己才能拜师成功。拿到题目后，柯召转身就埋头钻研，白天在图书馆查寻资料，夜晚在自己的住所计算、推论，除了吃饭睡觉，焦点全部集中在解题上。14天一晃就过去了，他好像还在茫茫的大海之中不着边际，毫无头绪。

留学英国时的柯召

怎么办？他决定如实禀告，便硬着头皮去见导师。莫德尔正在办公室和著名的哈代（G. H. Hardy）教授研究着什么。导师问柯召：“怎么样？”柯召很渐愧地对莫德尔教授说：“老师，我花费了2周时间，却没有找到方向。”

哈代转过头对莫德尔说：“这个问题你研究了三年都未解决，叫人家两个星期怎么行？”莫德尔哈哈大笑：“年轻人思想活跃，要给他们多出点难题，也许有新的思路。”莫德尔并未有丝毫嗔怪。原来，这猜想莫德尔已钻研了三年而不得其解，而莫德尔本人早已是闻名世界的解题高手，许多难题都曾被他一一化解。莫德尔将这世界性的数学难题交给柯召一试身手，目的就是激励这位中国的小伙子。

1.4　60天完成博士论文

风华正茂的何召何惧难题！他就是为了解决难题而来的。他接受了莫德尔一些新的指点后，接着又一头钻进了数学的“金屋”，度过了多个不眠之夜。他深入地思考，大胆地探索，紧张地运算，奋笔疾书……

60个日日夜夜的心血，像流水一样逝去，他的书桌上积累了足有一尺多高的稿纸。他闪亮的智慧和非凡的毅力，终于攻陷了这数学的堡垒。入学两个月后，柯召给导师带来了一份惊喜，他完成了一份很有创见性的博士论文——《关于表二次型为线性型之平方和的问题》。柯召把论文送到导师莫德尔教授的手中。几天以后，柯召被教授召见，教授满面春风地对这位年轻人说："祝贺你，论文写得很好，你的博士论文已经完成了。两年后你就可以拿到博士学位。"

"啊，两年！"连柯召自己也不敢相信，一般至少要三年啊！由此，柯召深知他那篇论文在莫德尔教授心中的分量。

《关于表二次型为线性型之平方和的问题》是柯召完成的博士论文，这个令一般人如堕五里雾中的数学题目，因为出自柯召之手而颇具传奇。莫德尔的"激将"法产生奇迹，短短两个月之内，柯召完成的博士论文令莫德尔赞赏有加，他恭喜柯召说，你已经达到了毕业水平！由三年到两年，再由两年到两个月，这令人瞠目结舌的速度真是非天才而不可为的。

1.5 伦敦数学会讲台上的中国青年

莫德尔很赏识柯召的才华，为了让柯召多见世面，推荐柯召在伦敦数学会去做这篇论文的报告。欧洲人还从未见过黄皮肤的中国人在此讲演，听说一个中国人将在这天向英国数学家宣读论文，听众们充满了期待。柯召成了第一个登上伦敦数学会讲台的中国人。

柯召的数论论文给与会者留下了深刻的印象，而台下就坐着大名鼎鼎的英国数学家哈代博士。两年后，哈代主持柯召的博士论文答辩时对他说："你已经做过报告了，很好！很好！"就这样，柯召于1937年获得博士学位。嗣后，他继续做了一年研究工作，并指导来自美国的硕士研究生。在曼彻斯特，柯召已经开始在"二次型"领域崭露头角。

在曼彻斯特大学的三年中，柯召学习刻苦、工作勤奋，为他毕生从事数学研究打下了坚实基础。当时的曼彻斯特大学聚集了一批国际数论新秀，爱尔特希、德范波特、马勒等人就是柯召的外国同学。柯召跟他们一起学习，学习之余打打桥牌，还教他们学习中国围棋。

柯召在《数论学报》《牛津数学季刊》《伦敦数学会杂志》《伦敦数学会会报》等著名刊物上发表了10余篇出色的论文，除包括二次型方面的一系列工作外，还包括中国最早的代数数论和代数几何方面的研究成果。这些论文的创见性，直到半世纪后还令他的同行赞叹不已。1988年，美国贝尔实验室的一位数学家斯隆（Sloane）读了这些论文后，仍然对柯召的数学理论赞叹不已："很惊异中国人那么早就已做出了巨大的成就。"他带信向柯召致意："我拜读了您1938年关于二次型的大作，棒极了！"

1.6　清澈的爱只为祖国，抗战爆发毅然回国

"谁言寸草心，报得三春晖。"这是中华民族的传统美德，也是柯召一生奉行的节操——热爱祖国，关爱家乡，光明磊落，知恩必报。正当他在英国宁静的环境里做学问时，从祖国传来了"七七事变"的炮声，日本帝国主义为发动全面侵华战争制造了卢沟桥事变。中国遭受蹂躏，人民惨遭杀害，祖国的命运牵动着亿万热血儿女的心，柯召的心情无比沉重与悲

愤，他要回国，他要和祖国、要和自己的同胞站在一起共赴国难。他再也待不住了，便向导师莫德尔辞职，带着似箭的归心，踏上了返程。

葱绿的树叶黄了，飘飘洒洒落在地上。这是1938年的秋天，一艘从法国马赛开往越南海防的法国客轮，在浩瀚的印度洋中急驶。甲板上中国青年柯召倚栏而立，他的目光凝视远方，手中紧攥着一份电报，电报上写着："我仍然希望你回来。莫德尔。"

海水冲上甲板打湿了他的衣衫，他感到眼眶也湿润起来。

是啊，英国是可留恋的。那里，有着他洒下的心血、难忘的时光，遗留着他多少美好的记忆……

那一阵暴风雨似的掌声仿佛又在他耳边响起。那是一个花香四溢的春天，伦敦数学会举行的学术报告会上，专家学者济济一堂。26岁的柯召，青春勃发，神采奕奕。他拿着自己的学术报告稿，健步登上讲台。会场里顿时噪动起来，有人在低语："中国人！""柯"。20世纪声名显赫的数学家哈代，赶快把椅子转了个方向，然后靠着椅背，仔细倾听……

柯召从容不迫，侃侃而谈，一字一句，说理是那样透彻，逻辑是那样严密，全场鸦雀无声。直至他讲完最后一个字，迎接他的是暴风雨般的掌声。人们向他投来尊敬而友好的目光。哈代走上前，和他亲切地握手：“你是外国学者中在我们讲台上最年轻的一个，我祝贺你成功！”

答辩研究室里，坐着一排考官：主考哈代教授、陪考莫德尔教授……柯召博士论文的答辩正进行着。考官们的眼神里，不断传递出满意的信息。

夏去秋来，英国又授予柯召荣誉研究生的头衔。莫德尔教授恳切地挽留他留校任教。他留下来了，整整一年。这一年，他的主要任务是指导硕士研究生。他像他的导师莫德尔一样，把自己的聪颖和智慧传递给年轻人，为他们指点研究的方向，探索关于二次型问题的奥秘。

英国的一切犹在眼前，而它已然成为过去。柯召心里在说：“感谢老师的盛情，但，我是属于祖国的。别了，英国。”

1.7 走进四川大学显身手，造就几代数学家

1938年，中国已进入全民族抗战的第二个年头。柯召不顾导师的一再挽留，怀着拳拳的报国之心踏上

了归途。经过一个月海上航行，客轮到达越南，柯召通过边陲云南终于回到了生他养他的祖国大地。他和留英的李华宗来到成都，受聘为四川大学教授，讲授代数和几何方面的课程。

次年暑假，柯召接任四川大学数学系主任，当时他年仅29岁，是四川大学最年轻的系主任之一。这时，为躲避日军空袭，四川大学由成都迁往峨眉山脚下。尽管抗战大后方条件极为艰苦，他仍坚持教书育人，积极从事科学研究。特别是他主持数学系之后，非常重视科研工作和学生能力的培养，除课堂教学外，还定期举办全系学术讨论会。在川大校史上有这样一段记载：

> 1938—1942年峨眉期间，数学系每周设专题研究课，召集全体师生作集体研究，各人阐述自己的心得，共同讨论。这种专题研究十分吸引人，有时学生变成先生，站在讲台上边写边讲，而教师则和同学一起静坐听讲，……它造就了一批在数学上锐进不已的人才。

这个专题讨论课便是柯召发起的，参加的老师有李国平、李华宗等数学家，学生有朱福祖、王嫒旃等。在此期间，柯召与李华宗合作进行了矩阵代数方面的研究，完成了关于矩阵代数的论文。朱福祖后来任华东师范大学教授，在数论二次型研究方面颇有建树。在峨眉期间，诞生了四川数学事业的两个“第一”：形成四川的第一个数学研究群体，培养出四川大学第一批研究型数学人才。

由于柯召工作得力、成绩突出，1943年，33岁的他便出任四川大学的教务长。这段时期，柯召出了不少优秀成果。1940年，他用极精湛的初等方法解决了爱尔特希（P. Erdös）提出的一个指数型不定方程问题。50年后，爱尔特希对这一美妙的结果仍然不能忘怀，赞叹不已。

1946年，柯召应聘重庆大学数学系教授。那时物价暴涨，货币贬值，教员生活非常清苦，柯召仍孜孜不倦从事教学工作，精心讲授群论、数论等课程，深受学生欢迎。柯召等老一辈科学家，一片赤子丹心，在祖国最需要的时候，毅然回到祖国，把一生都献给了我国的科技事业，为我国的科技发展奠定了坚实的基础。

“柯老先生不喜欢高谈阔论，也不是唯唯诺诺的人，他有自己的看法。”四川省委统战部原部长王于说：“在教学事业上，他为中国培养了几代数学家，吸引了无数年轻人钟爱科学、跨入科学界，可谓是桃李满天下。”

培根曾说：“数学是科学的大门和钥匙。”柯召

柯召院士晚年

也曾引用并写道：“作为一个数学教育工作者，我最大的愿望，就是造就更多精通数学的人才，希望有更多的人能掌握数学这把打开科学大门的钥匙。”作为一名学者，他找到了这把钥匙；作为一名教育家，他付出毕生努力，指导学生寻找这把钥匙。

1.8 引领四川大学数学学科进入国家前列地位

新中国成立后，柯召继续在重庆大学任教。1953年，院系调整，柯召又回到四川大学。40余年间，他以满腔热情投入教学和科研工作，为国家培养了许多优秀数学人才，在科研上硕果累累。他先后担任四川大学教务长、副校长、校长、数学研究所所长等职。作为学术带头人和学校负责人，他卓有成效地抓好努力提高教学质量、积极开展基础理论研究、发展应用数学、培养高水平人才等重要方面的工作，使四川大学成为国内数学领域的研究中心。他培养的许多学生，如今都成了我国数学研究队伍中的骨干力量。

1956—1985年，我国学者公开发表的数学领域的研究论文中，有约90%是柯召和他的学生完成的。其中特别突出的有陆文端、孙琦、魏万迪、谢盛刚、郑德勋、李德琅等教授。

从20世纪60年代起，柯召的学生在群论、组合论及数论应用方面均有新的建树。特别是在数论变换理论、数论在密码学中的应用等方面取得显著进展，受到国内外的重视。柯召不仅对自己熟悉的数学分支呕心沥血，对其他的理论与应用数学分支也给予了有力的支持和关注，使四川大学数学学科整体水平在国内占有重要地位。

柯召从教70年，为国家培养了一批杰出的数学工作者，曾多次获国家、省部级科技奖励及优秀教材奖，1960年曾出席在北京召开的全国文教先进工作者会议。

柯召一贯重视提高教学质量，反对“注入式”教学方法，主张搞教学的人要积极开展科学研究，力求讲课深入浅出，富有启发性。他以身作则，对待教学工作认真负责，从讲授基础课“高等代数”到选修课“数论导引”均一丝不苟、讲解生动，极富启发性，深受学生欢迎。对于刚入门的学生，柯召总是先选定一些研究题目，由他带头和大家一起讨论。当解决办法初露端倪，柯召就退出来，放手让年轻人自己做。这样做的效果非常显著，很快，四川大学的青年教师们就能独立工作，做出成果，发表论文。

柯召院士还为发展我国的数学科学做过大量工作。1955年，柯召第一批受聘任中国科学院学部委员（院士）。1963年、1978年，他两度参加了制订国家科学发展规划的工作。他还曾担任国务院学位委员会第一届学科评议组成员、国家教委高等学校理科教材编审组“代数、数论”组成员，《数学学报》编委，《数学年刊》副主编，《四川大学学报（自然科学版）》主编、编委会主任等职务。

由于其杰出贡献和多方面的成就，柯召赢得了数学界的极大敬重。1983年中国数学会第四次全国代表大会上，他与华罗庚、苏步青等五位中国著名的数学前辈一道，被推举为名誉理事长。这是中国数学界赋予的最高荣誉。1999年柯召获何梁何利科技进步奖。

正如北京大学数学学院发给2000年7月举行的“数论国际研讨会暨柯召院士九十寿辰庆典”贺信称誉得那样，柯召“潜心数论研究、堪称一代数论宗师”。2002年8月，年过九旬的柯召先生应邀作为主席团成员出席在北京召开的国际数学家大会，充分体现了国际数学界对他的尊敬和推崇。

1.9 “不定方程”中几个著名问题

柯召，从20世纪40年代起，开始研究数论，而在数十年研究数论的生涯中，又把大量的心血倾注于“不定方程”这个既古老又年轻的数论分支。什么是不定方程？通俗地说，不定方程（又称丢番图方程）就是未知数的个数多于方程的个数，且它们的解受到某种限制的方程组。不定方程的内容极其丰富，与数学的其他分支如代数数论、代数几何、组合数学等也有着密切的联系。近代许多优秀的数学家如费马、欧拉、高斯、拉格朗日、库默、希尔伯特等都从事过不定方程的研究，这些研究大大丰富了数论的内容。

迄今未获彻底解决的费马大定理就属于不定方程。不定方程在整个数学发展中，一直占有引人注目的地位。法国数学家希尔伯特提出的23个数学问题中，第10个问题就是关于不定方程；英国数学家罗思由于他在一个方面的成果直接带来了不定方程研究的重要进展，从而荣膺数学的最高荣誉——菲尔茨奖；英国数学家贝克利由于他对不定方程的直接贡献，成了1970年菲尔茨奖的获得者。而柯召，正是在这条崎岖的山道上攀登，以他的智慧和顽强努力，早在20世纪40年代，就解决了不定方程中的一条著名问题——爱尔特希猜想。匈牙利数学家爱尔特希心服口服地说：“除了柯召给出的整数解外，我的这个猜想没有任何其他整数解。”到了20世纪60年代，他一举解决了一百多年来数学界没有解决的问题，即著名的“正定二次型的类数”和不定方程中的卡特兰问题。

柯召、孙琦编著《谈谈不定方程》

由于近年来关于不定方程研究有很大进展，这一学科与代数几何、代数数论、组合数学、计算机科学的联系又很密切，所以不定方程仍然引发许多人的兴趣。柯召和他的学生孙琦编著的《谈谈不定方程》概括地介绍了不定方程的主要内容，书中谈到了历史上许多著名的问题和猜想，介绍了解决这些问题的方法，大部分是初等方法，少量是代数数论方法，概述了一些近代成果，例如有重大意义的Baker的有效方法等。该书可供有志于了解不定方程的中学教师和广大数学爱好者阅读。

1.10 独创“柯氏定理”与“柯召方法”

柯召的诸多成果中，最引人注目的当推对“卡塔兰猜想”和“交集问题”的研究。著名的“卡塔兰猜想”，是法国数学家卡塔兰（Catalan）提出的：8和9是仅有的两个大于1的连续整数，它们都是正整数的乘幂。

“卡塔兰猜想”也是不定方程理论中的一个经典问题，至今已有一百多年的历史。在很长一段时间内，有许多数学家努力探寻，是否有三个连续的正整数，它们都是正整数的乘幂？始终未得其解。

柯召从1958年起，投入了这个猜想的研究中，仅四年就取得了突破性的成果。1962年，柯召以极其精湛的方法解决了与之有关的两个难度很大的公开问题，这是研究“卡塔兰猜想”的重大突破。美国《数学评论》发表评论：“柯召完全解决了所列方程。”英国著名数学家莫德尔，把柯召关于不定方程的结果和证明过程写进了他的专著《不定方程》，并称之为“柯氏定理”。

特别受到人们重视的是，柯召提出的用计算雅可比符号来研究不定方程的方法，得出了一系列研究结果，这是与“柯氏定理”相联系的一种富有创造性的方法，被称为“柯召方法”。例如，1977年法国数学家特尔加尼亚（Terjanian）用这一方法得到费马大定理偶指数情形证明的最好结果；1983年波兰数学家罗特基维奇（Rotkiwicz）关于不定方程的若干重要结果，均使用了柯召的方法……多年来的研究工作说明，这个方法可以解决一大类不定方程问题，在数学界受到了高度的重视和赞赏。

柯召为数学科学做出了卓越的贡献。然而他的成功绝不仅仅依靠他的聪明才华，他的每一项成果总是伴随着他的勤奋探索和艰苦劳动。甚至“文化大革命”期间，他被关进“牛棚”，仍在用他伤痛的手，抓紧一切机会，推导着数学公式，探索着数学难题……

1.11 “爱尔特希-柯-拉多定理”问世

20世纪60年代，柯召在不定方程研究方面取得一系列出色成果。在组合数学方面，柯召与爱尔特希、拉多（T. Rado）合作，发表了著名的“爱尔特希-柯-拉多定理”。柯召主张科研工作要持之以恒，他说：“研究工作不怕慢，只怕站。”他长期参加并指导有多名中青年教师参加的数论讨论班，鼓励大家敢于挑战难度大的问题。

1960年初秋，柯召来到首都北京，出席一个学术会议。一天，中国科学院来人，交给他一份电报，他一看，就绽开了笑颜。啊，爱尔特希要来了。20多年前的老朋友就要相聚，他能不高兴吗！

柯召和华罗庚教授一起，把爱尔特希迎了回来，一同在北京饭店下榻。那些天，他似乎变成了话匣子，总是和爱尔特希说个没完。说他的数学生涯，说新中国成立后数学科学的成就，说来自大千世界的数学信息、展望……他们谈着谈着，话题就被一些总也离不开的数学问题缠住了。

那些日子，柯召伴着爱尔特希，无论是逛北海，上天坛，还是游故宫，登长城……他们的话题都没有离开数学。几日的欢乐相聚一晃就过去了，当爱尔特希即将离开这座神秘而博大的文化古城北京时，柯召和爱尔特希两人的智慧结晶——《对于一组有限集相交定理》的论文也完成了。爱尔特希将论文带到了英国，英国教授拉多对论文表现出极大的兴趣，同时对论文进行了进一步的梳理，使得这篇论文更加完善。

这篇论文在牛津《数学季刊》上发表，署名是Erdös-Ko-Rado（爱尔特希-柯-拉多），表明这是匈牙利、中国、英国三位数学家合作的成果。这就是著名的“爱尔特希-柯-拉多定理”，简称EKR定理。这篇论文先后被100多篇著作所引用。柯召，就是这样，利用他一切可利用的机会，为人类的数学发展贡献聪明才智。

柯召女儿柯孚久教授讲述父亲与挚友爱尔特希的往事时说，1960年，爱尔特希访华，柯召陪同其游北海、上天坛，观看著名舞蹈家赵青主演的芭蕾舞剧《宝莲灯》，但最后父亲却只记得表演时演员翻动的红绸子，原来两人一直在讨论数学。“我也是后来才知道，原来当时他们讨论的数学题正是著名的爱尔特希-柯-拉多定理。”

1979年，爱尔特希在加拿大一个学术会议上见到了柯召的学生魏万迪，竟然因知道了老朋友的消息而欣喜万分，他立即给柯召写了一封信交魏万迪带回。两个老朋友从此恢复了联系，时有书信往来。从柯召珍藏的一封爱尔特希1984年写给他的信中，人们不难读出他们之间的深情厚谊。

亲爱的柯：

我依然活着，并且依然像过去一样，围棋下得还是那么糟糕。哈依纳尔，这位带信的人，比我下得还差，就像我比你差得多那样。

拉多，他比我还老，现在挺好，他遭遇了一次车祸，但是已经完全恢复了，而他的妻子露易丝受的伤要严重得多，不过她要爱尔特希在写给柯召的信中说现在也已经好了。我们的爱尔特希-柯-拉多定理已经非常有名了，被好多地方引用。卡托纳（Katona）给它找到了一个非常简单的证明。

我最近收到了马勒（O. M. Mahler）的一封信，他现在不那么太好，但是他依然在做证明和猜想。

我证明了，如果 $a_{n+1}-a_n\to\infty$，那么 $\sum\frac{a_n}{2^{a_n}}$ 是无理的（a_n 是整数）。我认为，$\frac{a_n}{n}\to\infty$ 会成立。你能找到一个数列，使得它能 $\overline{\lim}(a_{n+1}-a_n)=\infty$ 而且 $\sum\frac{a_n}{2^{a_n}}$ 是有理的吗？这或许是平凡的，但是我老了，并且比老更甚，就是蠢了。

你无疑已经知道，莫德尔（Mordell）在10年前就去世了。但他的猜想还活着，事实上，几个月以前刚刚被一个德国的青年数学家法尔廷斯（Faltings）证明了。他用了非常繁复的代数几何。

致以问候　再见

可怜的伟大老人

1986年6月，爱尔特希到中国科学院数学研究所访问，柯召专门去北京会友，住在女儿家中。6月19日，爱尔特希到达北京当天，这两个老朋友终于又见面了，这次是在柯召女儿的家中。爱尔特希从来不在意生活细节，这一次竟然送给柯召女儿一条白色纱巾，柯召笑着对女儿说："这真是太阳从西边出来了。"爱尔特希注意到柯召已有外孙女了，又请人买了一块巧克力糖送给她。这也让我们看到了柯召与爱尔特希的友谊。

1.12 热情关怀青年，几十年如一日地悉心施教

长江后浪推前浪是历史发展的规律，柯召时时记得周总理嘱托："要多多培养学生啊！"他深知这个道理，他和他的导师莫德尔一样，十分喜爱学生，热情关怀青年，几十年如一日地悉心施教。

20世纪50年代，大学里的数学教材，如《高等代数》《线性代数》《矩阵论》等，都要从苏联教材翻译过来。为了教学需要，柯召虽已人到中年，记忆力不如当初，但仍然刻苦勤奋，在夜灯下，他翻译了

柯召在授课

一本又一本俄语书籍。50年代、60年代数学系的大学生，大都读过柯召的译作。

20世纪60年代，柯召曾特意主持开办了一个“数论讨论班”，其用心是重点培养一批有才华的青年。四川大学教授孙琦回忆说：“我是一个幸运儿，能参加这个讨论班真是受益匪浅。”“听柯老师讲课，算是一种享受。他语言清晰流畅，层次分明，推理严密。教室里总是鸦雀无声……”

夏日炎炎，汗水湿透了他的衣衫，可他总是冒着酷暑，或是指点科研题目，或是批改论文，没完没了地操劳。

严寒的冬夜，也总是看见他的窗内亮着灯光，他的手脚被冻僵了，搓磨两下，又继续伏案，仍然在为学生修改论文。

他的学生、四川大学数学系教授魏万迪拿出一沓又一沓书稿给人瞧，那一行行誊写工整的蝇头小楷间，不时跳跃着一些漂亮的红色字迹，那就是柯召的心血。那一页页，一摞摞，光是翻也够受的了，何况还要一字字、一行行地仔细阅读修改，常常还要重新推算一遍公式，这得花去他多少黄金般的时间，多么大的劳动啊！

魏万迪说："1979年，我带去加拿大参加一个组合论讨论会的三篇论文，也是在柯老的悉心指点下完成的。"

柯召常告诫他的学生："不要知难而退，要知难而进。""研究工作要取得成果，贵在坚持。""搞科研没有韧性是不行的。"一字一句，正是柯老治学的自我写照。

在柯召的写字台上，时常摆着来自全国各地爱好数学的青年求教的信函。《关于某方程不存在一一对应整数解答证明》一文，寄自湖南省一位工程师，这位青年还在热情洋溢的信页中写道："我曾四处请教，不得其果。数年后此文被转到柯老师手中，才得到答复：‘解答无误，但不符合一一对应的要求。’这才真正指出了这篇论文的不足之处……”

柯召不仅注意对学生、对身边青年教师的培养和帮助，而且关心广大青少年的成长。他以社会活动家、教育家、数学家的高度责任感，关注培养青少年的工作。他曾经到中小学教师数学培训班讲课，主持四川省数学竞赛的人才选拔，与青少年谈他研究数学的成长发展道路，引起了越来越多的青少年对数学的兴趣和爱好。

一件一件事例，足见柯召对青年的关怀爱护了。他曾感叹地说：“是啊，年轻人的脑子好比一把锋利的刀，而年纪老了，锋口就会卷刃。特别是数学，喜欢和年轻人结缘。历史上的数学家获最佳成绩的年龄是25~45岁；爱因斯坦26岁就提出相对论……希望寄托于年轻人啊！”

柯老常说，人的生命是有限的，但对科学的探寻却是无限的，当你将知识传授给了青年，就等于延续了自己的生命……

1.13 不辞辛劳，推广优选法组合论

柯召很重视数学应用工作。早在20世纪50年代初期，他就在四川大学数学系提出，要发展微分方程、概率统计和计算数学这三个有重要应用价值的数学分支。1958年，他倡议在我国工业生产中，推广使用运筹学中的数学方法，并亲自带领学生到运输部门从事运输问题中的数学方法的普及工作，推广和应用线性规划中的数学方法。柯召花了很多的精力学习与思考数学如何直接为国民经济建设服务的问题。他将威尔德（D. J. Wilde）的《优选法》中介绍的“斐波那契

方法”与“黄金分割方法”，用于合理安排实验，以求出“最佳工艺”，十分奏效。他深刻地认识到“统筹法”与“优选法”（简称“双法”）在中国工农业生产中具有普遍的应用价值。

20世纪70年代初，柯召刚刚从“牛棚”里走出来，就不顾年迈体弱，不辞辛苦地同一些中青年教师一道，奔波于四川的泸州、纳溪、广元、峨眉、成都、大邑等地去推广优选法，举办讲座。从川南到川西，从宝成线到成昆铁路，从工厂到农村，从平原到丘陵……数不清的地方留下了他的足迹。崇山峻岭里那许多隧道、桥梁的施工中，那一座座煤矿、高炉的修建中，都有着他统筹平衡、合理安排的考虑。数不清的技术人员听过他讲课，为厂矿企业培训的推广优选法的人才也无法统计了。至今，人们还记得他在川南酷热的日子里的情景：白日里为学员讲课，去矿山、下车间调查；夜晚，忍受着蚊虫的叮咬，伏案备课，撰写的《优选法教材》一书，成为留给众多初学者的一笔知识财富。广大工程技术人员与工农大众运用“双法”，在各自的单位积极试验和推广，大大推进了工农业生产的发展和科学技术的进步。

1974年，他亲自编写了国内第一部《组合论》讲义，作为部队学员培养班的教材，随后，他又带上魏万迪去部队研究所讲授《组合论》。眼看一些应用单位对组合论的需要，他恳切地对魏万迪说："你就搞组合论吧，不一定都要回到数论的专业上。"魏迈迪在柯召的鼓励和帮助下，向组合论进军了。1978年至1979年间，师生二人又共同著书立说，先后写出了34万字的《组合论》和18万字的《初等组合论漫话》，图书出版后，得到数学界的高度评价。而魏万迪，早已成为四川大学数学系一个研究学科方面的带头人，1987年晋升为教授。柯召支持孙琦、郑德勋开展快速数论变换的研究，使得四川大学在这两个方面都取得了显著成绩。20世纪80年代初，柯召带领数论组教师从事国防应用数学的研究，开拓数论应用的新领域。

1.14 带出一支数论队伍，不断开拓应用领域

过去许多人认为，数论这门研究整数性质和规律的科学只是纯粹的基础科学。但近二三十年科学的发展，特别是电子计算机的广泛使用，给数论的应用提出了许多新的课题。美国航天中心就宣称：“只要我们找到一个大素数，便可由此发出一套新的脉冲信号，以作太空研究。”说明数论与密码、通信有着密切关系。正是柯召带出的一支数论队伍，不断向应用领域开拓，才取得了优异成果。

柯召认为：“大学的设备不如师资重要，西南联合大学就是证明。它的设备不行，还是培养出杨振宁、李政道等多位杰出学者，其原因是西南联合大学的师资力量很强。”因此，他热心培养学生，提携优秀人才，反对论资排辈。20世纪50年代以来，他培养的许多学生，如今已成长为我国数学教学和研究队伍中的骨干力量。

从1979年起，他还和孙琦、魏万迪合招了十多名硕士研究生。他带的硕士研究生、博士研究生都成为

栋梁之材。20世纪80年代初，柯召又挤出时间总结自己的科研经验，和孙琦合写了《谈谈不定方程》《初等数论一百例》和《单位分数》等著作。

直到1984年，年高德劭的柯召从领导岗位退下来，但作为一个科学院院士义不容辞地兼任许多学术职务。他十分珍惜党和国家赋予的最高荣誉，仍在他挚爱的数学王国里遨游，和身边已经成长起来的助手，和更多的年轻教师和学生切磋，继续着他的探索与追求。

柯召就是这样，一生奋斗，一生艰苦，虽经种种磨难，承受过重大的打击，及至暮年，仍然不辞辛劳，抓紧点滴时间从事科学研究。

百年树人，提携青年。他是院士也是老师，用温暖的大手拉起稚嫩的小手，科学之树从此枝繁叶茂。眼看"不定方程"已向着更深更广阔的领域发展，柯召感到无限的欣慰。

1.15 所谓灵感，是"踏遍"的结果

柯召被学术界称为"我国近代数论和组合论的创始人之一""中国二次型研究的开拓者"。他在数

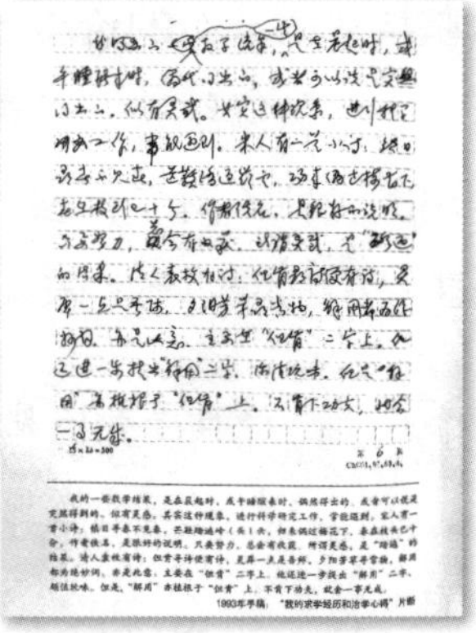

我的一些数学结果，是在晨起时，或午睡醒来时，偶然得出的，或者可以说是突然得到的，似有灵感。其实这种现象，进行科学研究工作，常能遇到。宋人有一首小诗：尽日寻春不见春，芒鞋踏遍陇头云，归来偶过梅花下，春在枝头已十分。作者佚名，是很好的说明。只要努力，总会有收获。所谓灵感，是“踏遍”的结果。清人袁枚有诗：但肯寻诗便有诗，灵犀一点是吾师，夕阳芳草寻常物，解用都为绝妙词。亦是此意。主要在“但肯”二字上。他还进一步提出“解用”二字，颇值玩味。但是，“解用”亦植根于“但肯”上。不肯下功夫，就会一事无成。

1993年手稿：“我的求学经历和治学心得”片断

柯召手稿

论、代数、组合论等领域有突出成就，尤其在数论的不定方程和组合论的研究方面贡献卓著。

在国际数学界，柯召研究不定方程卡特兰问题的结果与方法，被称为“柯氏定理”与“柯氏方法”；他与国外数学家爱尔特希及拉多合作的研究成果——组合论中有限集交集计数问题的结论，被看作里程碑式的成果。

1993年，柯召院士83岁时写了一份手稿，其中有“我的求学经历和治学心得”片段。柯召的很多研究成果得益于突如其来的灵感，柯召的灵感一度被认为是特异功能，或天赋异禀，而柯召却不这么认为。

柯召在教学上一贯非常勤奋，刻苦钻研。他非常善于利用时间，在20世纪五六十年代，他常在旅途中坚持科研，有的论文就是在火车上构思的。他说，他的一些数学结果，是在晨起时或者午睡醒来时偶然得出的，似乎有了灵感。其实这种现象，进行科学研究工作中常能遇到。宋人有一首小诗：

终日寻春不见春，芒鞋踏遍岭头云。
归来偶过梅花下，春在枝头已十分。

柯召引用这首小诗来总结自己做学问的心得，就是很好的说明。只要努力，总会有所感悟，有所收获。柯召的导师莫德尔曾问柯召：“你认为灵感怎么来？”当时，从未思考过这个问题的柯召哑口无言。莫德尔语重心长地说道：“灵感不会从天而降，但是会不经意迸发。灵感什么时候产生呢？当你刻苦钻研，‘踏遍’重重困难后，突然便会‘柳暗花明’。”柯召听完若有所悟：所谓灵感，是“踏遍”的结果。

当别人都把柯召奉为天才时，柯召心里很清楚：哪有什么天才？这都是“踏遍”各个困难的结果。柯召非常感恩导师的启发，每次遇到无法逾越的障碍时，他不逃避，而是直面搏击。踏遍一个个障碍后，他感受到了灵感的随时迸发。回国后，柯召将这个秘诀传承，培养了好几代数学家。清代文人袁枚有一首绝句：

但肯寻诗便有诗，灵犀一点是吾师，
夕阳芳草寻常物，解用都为绝妙词。

此诗亦是此意，主要体现在“但肯”二字上。柯召认为，科研工作确有这种境界，只要努力总会有收获。在中国历史学领域，许多学人深佩陈寅恪的史学功夫，惊叹于陈氏能在众人皆占有的普通史料中抽绎，推衍出新的史识。在数学领域，柯召也有此等功夫。

在柯召漫长的治学生涯中，天才产生灵感，勤奋推进深度，两相结合，让柯召对数学的探寻上升到至高境界，于平凡之中寻到奇崛。这就难怪他了然于袁枚诗意，深赞“夕阳芳草寻常物，解用都为绝妙词”了。

柯召与吴阶平院士

1.16 数学与文学艺术融合的典范

我们多从文学艺术的角度感悟柯召引用的袁枚这首小诗："但肯学诗便有诗，灵犀一点是吾师。夕阳芳草寻常物，解用都为绝妙词。"然而，数学家柯召却将这首吟咏文学灵感的绝句反复玩味，并视之为数学研究应追求的境界。数学与文学，看似风马牛不相及的学科，在柯召的智慧之中，却能够将之巧妙地联系起来，让人产生"顿悟"之感。这种本领，缘于柯召对数学天才般的悟性，以及对古典文学长期的濡染。开篇就讲过柯召的"寻诗"之路起始于在杭州安定中学读书时期。那时候，柯召才是一个刚满12岁的小小少年郎。

东篱采菊，南山悠然。2002年，一代数学大师柯召院士走了，看着大师往昔淡定睿智的目光，想着大师走时飘然从容的背影，天有大美而不语，这是一种常人无法企及的境界。他是人去曲未终啊……

柯召的另一个爱好是书法，很少有人知道他还是个书法大家。四川大学"逸夫科技馆"五个洒脱俊逸的行草大字即出自柯召的手笔。柯召曾言，他最喜

柯召院士

唐人怀素的《自序贴》，并且用心临摹过。“字为心声”，飞逸飘洒的怀素书法，无疑将柯召内心深处不拘的激情投射出绚丽的一角。他自己也以草书见长，他的草书“若惊蛇走虺，骤雨狂风”，一纵一横之间自成一体。许多川大人家里都有他的条幅，向他求字的大有人在，柯召也总是微笑着满足求字者的愿望，自己也乐得遣兴逸情。

据说，有一位求字者千里迢迢专程从美国加利福尼亚州来华，以求得柯召墨宝一幅。作家流沙河曾戏言他的字是从侧门意外进入了书法界，不知道柯召是从何门进去的，如果是从数论到书法，那可真是匪夷所思了。可谓是数学之内的艺术之境。

怀海特说过："作为人类精神最原始的创造，只有音乐堪与数学媲美。"

柯召的博士论文答辩的主持人、大数学家哈代也说过："实际上，没有什么比数学更为普及的学科了，大多数人都能欣赏一点数学，正如多数人能欣赏一支令人愉快的曲调一样。"

1.17 数学之外的棋牌之道

观察一些大师巨匠的生活颇有意趣。陈寅恪与柯召一样，小时候爱躲在一边啃书本，不同的是柯召啃数学书，陈寅恪啃文史书。钱锺书好读书但偏科严重，当初考清华的时候数学成绩离起码的及格线都差得远。有名的画家黄永玉也是如此。在柯召的专业数学之外，他无疑是如今素质教育所企望的楷模。柯召读过私塾，四书五经有所涉足，有着良好的古文素养。

其实柯召也有他钟情的项目，那就是桥牌和围棋。在清华读书时，他经常与杨振宁的父亲杨武之教授纹枰对弈，《柯召传》中称二人是"屡局不倦"。杨武之是中国数论研究的开山之师，他每每将天人合一的围棋之道用数学原理去阐释，这对柯召影响颇深。此项爱好，柯召保持了终生。

柯召喜欢下围棋，仅限于业余爱好，在之后形成了自己的棋风。他经常借由和学生们下围棋来启发他们。李德琅便师从柯召，时至今日，柯召的所传所授、音容笑貌依然让他记忆犹新。“柯老师大我30岁，我们亦师亦友，感情深厚。我跟他接触非常多，是他教会了我下围棋，跟我下围棋时他非常高兴。教课之外，我做得最多的便是陪老师下棋，我们经常一边下棋一边聊天，除了上课要求严格外，柯老师平时从不摆架子、不生气。”如今80多岁的李德琅教授笑着回忆柯召与自己相处的点滴，他说，起初柯召教他下棋时还会让个九子，但后来自己赢了柯召，柯召也只是笑笑，性格很随和。正是当年只用七个礼拜便讲完《高等代数》的柯老师，让自己深深爱上了数学这门课程。

在英国曼彻斯特大学留学时，柯召常与他的几位同学去老师家中玩桥牌，其中就有爱尔特希、德范波特、马勒。后来这三位同学兼牌友都成为赫赫有名的数学家。几个数学天才凑在一起玩桥牌，生动且机趣，惜乎柯召已作古，那些大师的细节现已无从探知，我们只能阅读到“这一段美好的日子，柯召至今难忘”的文字资料，可供想象往昔的境况。

1.18　川大情结，百年回声

柯召和许许多多科学家一样，爱祖国，爱人民，爱家乡。他的爱体现在对发展祖国科学事业的强烈追求中，体现在一丝不苟、严谨治学的科学态度中，体现在优秀的品质和高尚的情操中……

这里摘编《柯召传·情系第二故乡》一小节：

1984年，柯召从四川大学校长的岗位上退下来。此后，他退居二线，逐步完成了交班工作。卸去肩上的担子以后，他终于有了空闲的时间，女儿不时可以接他到北京去。柯召的女儿柯孚久是北京航空航天大学的教授、博士生导师，他的女婿白以龙是中国科学院院士，他们的家庭是典型的书香门第。住在女儿家

《柯召传》

柯召与友人合影（后排左三为柯召）

中，他既可看看自己喜爱的书籍，又能含饴弄孙，自有一番天伦之乐。

20世纪90年代后，随着年岁逐渐增大，为了便于女儿照顾，柯召住在北京的时间更多了。

在北京的日子里，他总是挂念着四川，挂念着四川大学。那里是他的第二故乡，是他工作生活了半个多世纪的地方。四川发展演变的一点一滴，四川大学的一时一事，就是他生命中的一圈圈年轮。他最关心的是，四川大学现在的情况如何？又有什么新的变化和进步？每当四川大学来人看望柯召时，他都会详细询问学校的近况，但他总觉得不够。2001年，听说四川大学要建新校区，柯召抑制不住内心的激动，一定要让女儿趁着到成都出差的机会，帮他好好了解了解新校区究竟是什么模样。

柯召的女儿柯孚久特别谈到了父亲的“川大情结”。她说：

我父亲对四川大学有着深厚的感情。在父亲北京的家中，专门有一个大口袋，里面装着《四川大学学报》和其他有关四川大学的资料，他把袋子放在沙发边上，随时拿出来翻看，还不时在上面勾画。

当年我考大学填志愿，他一再要我把四川大学放在第一志愿，我没能如他的愿，多年后我女儿考大学时，他仍希望她首选四川大学。

四川的友人总是亲切难忘的。四川省委统战部原部长王于说：“1996年我退下来，柯老始终把我当朋友看，每年我总是最早收到柯老的贺年片。”

柯召的老朋友中，有一位是四川大学校长办公室的老工人刘鹤鸣。从柯召当副校长以来，他就与这位老哥交上了朋友。刘鹤鸣当时是校长办公室的勤杂工，不善言语，工作却勤勤恳恳，认真负责。柯召对他也很尊重，视为兄长。几十年风风雨雨的日子里，无论东南西北风怎么吹，柯召的位子怎么上上下下，老校工的态度从不随风变化。在老校工的眼里，柯召见到的总是诚恳的神情，充满着信任和尊重。后来柯召得知他生活上的困难，便不时悄悄塞些钱与他补贴家用，久而久之竟成习惯。柯召晚年行动不便，在北京常住后，还不时惦记成都的刘老哥，每次女儿去成都，他总要捎点钱去。久而久之，女儿柯孚久也养成了习惯，只要到成都，不用老父吩咐也要去看望这位年事已高的长辈，并送些钱与他补贴家用。

对四川大学的事情，柯召始终挂在心上。1998年，柯召参加两院院士大会时，人们在电视上见到柯召与主管教育的国务院副总理李岚清握手交谈的镜头，谈话的内容就是他向李岚清反映四川大学的校名问题。

柯召在数学界享有崇高的声誉，他的学术成就和品格，他为社会主义科教事业和四川大学的发展做出的重大贡献，赢得了人们的高度敬重。1990年4月12日，四川大学和四川省科学技术协会联合举行庆祝柯召80寿辰暨执教60年大会，有数百人出席，全国各地发来的贺电贺信不断，人们怀着崇敬的心情，回顾他几十年来所走过的成功且艰难的道路，颂扬他为发展祖国的数学事业所做的无私奉献。正如国家科委、中国科学院在祝贺柯召80岁寿诞的贺电中指出：“数十年来，柯召教授热爱社会主义祖国，忠诚人民的教育事业，努力献身国家科学事业，为我国的教育事业和科学事业做出了重大贡献。”这无疑是公允而全面的评价。

2010年4月，成都科教界隆重集会纪念杰出的科学家、优秀的教育家、著名的社会活动家柯召院士诞辰100周年，百年川大，苍茫望江。作为为四川大学学术和学科发展做出重大贡献的大师，柯召先生是四川大学一代宗师和学界楷模中最杰出的代表之一，他们确立的四川大学的学术精神和精髓，至今感召和引领着后来人，并为四川大学成为一流大学奠定了坚实的基础。

2020年恰逢柯召院士诞辰110周年，7月17日，四川大学在望江校区举行纪念柯召院士诞辰110周年暨数学科学与数学文化学术研讨会，柯召院士家属代表柯孚久教授，白以龙院士、王元院士、姜伯驹院士、张恭庆院士、张景中院士、马志明院士、文兰院士、郭雷院士、田刚院士、彭实戈院士、张伟平院士、李安民院士、席南华院士、陈恕行院士、励建书院士、方

复全院士、江松院士、汤涛院士、叶向东院士共19位院士，国家自然科学基金委员会代表，北京大学等67家国内兄弟院校、科研院所等单位代表和近百名专家学者，通过线上线下等方式参加研讨会。

四川大学校长李言荣院士在研讨会开幕式上介绍道，柯召先生在四川大学从教近70年，在20世纪80年代还曾担任过该校校长，他所做出的卓越贡献绝不仅仅是在学术上，更是在思想上、人格上和教育理念上，也正是这些感染和影响了一批又一批后生们，培养了我国几代优秀的数学人才。“柯老身上的这种家国情怀和追求卓越的精神值得我们每个人尤其是每个川大人去传承和弘扬。”“柯召院士作为上一代伟大的数学家，对于数学的执着，对于教学的热爱，对于名利的淡泊，都是新一代青年数学人需要学习的。”“柯召院士用汗水造就的数学事业丰功伟绩，是我们后辈应当以之为目标不懈追求的。”

柯召院士女儿柯孚久教授对参加纪念活动的各位嘉宾表示感谢，深情回顾了柯召院士的学术生涯，并期待四川大学数学学院在服务国家重大战略、科学研究与创新、国际交流与合作等方面再创辉煌。

四川大学校刊《名人录》这样记载着：“他执教几十年，治学严谨，工作认真负责，是学校老一辈科学家的代表人物，对川大良好的学术风气的形成有着特殊的贡献。”

柯召就是这样，把自己的爱献给他从事的科学事业，献给自己心爱的祖国。正是因为有无数像柯召一样的科学家无私奉献，我国的科技事业才会蒸蒸日上，中国才能走向崛起，走向辉煌！

◎柯召院士语录

作为一个数学教育工作者，我最大的愿望，就是造就更多精通数学的人才，希望有更多的人能掌握数学这把打开科学大门的钥匙。

聚变之光

中国科学院院士李正武的故事

◎ 院士简介

李正武

李正武（1916.11.08—2013.07.30），曾用名李整武，浙江东阳人。中国著名核物理学家，中国科学院院士，1938年毕业于清华大学（西南联合大学）物理系，1951年获美国加州理工学院博士学位。1955年回中国后，历任中国科学院原子能研究所核物理研究室副主任，核工业西南物理研究院研究员、副所长、所长、名誉院长，原核工业部科学技术委员会委员，中国核学会核聚变与等离子体物理学会理事长，国际核聚变研究委员会中国成员等职。

长期从事核物理、等离子体物理和受控核聚变等方面的研究，取得多项重要成果。在轻原子核反应方面完成多项实验研究，对爱因斯坦质量能量转换关系作出当时最精确的直接实验测定，提出了带电粒子活化分析方法。是中国第一台高气压型质子静电加速器和第一台电子静电加速器的主要研制者之一，解决了若干重大关键技术问题。20世纪80年代初期，研制成功受控核聚变实验装置“中国环流器一号”。著作有《爱因斯坦常数的精密测定》《带电粒子活化分析》《轻原子核质量》《中国的受控聚变研究》等20余部。1987年获国家科技进步奖一等奖。李正武先生曾列席第三届全国政治协商会议，任第四至第七届全国政协委员。中国核学会第一至第三届常务理事，中国核聚变与等离子体物理学会第一至第二届理事。

2.1 创造光与热

听说，曾有人悲观地预测，地球上宝贵的煤炭、石油、天然气这些人类赖以生存的不可再生能源，有可能在几十年到一二百年内被人类消耗殆尽。这种估计是否精确，笔者不去考究，但是，能源逐年衰竭的现实，毕竟是有目共睹的。人类，不得不郑重地考虑自己的前途和命运。

有没有解决能源危机的途径呢?

有！和平利用原子能，就是解决能源危机的一条途径。人类已经掌握核裂变能，接着又在探索受控核聚变这项新能源的开发，这一事业比核裂变有更为广阔的前景。经过科学家们半个世纪的努力，在解决轻元素的原子核发生有控制的聚变反应的途中取得了很大进展。这一发现将使浩瀚的海洋成为人类取之不尽、用之不竭的能源宝库。如果按公元2000年世界能源需求量计算，光是海水中含的氘就可供人类使用一百亿年以上。

在这和平利用原子能的伟大工程中，中国的科学家们也付出了巨大的劳动，做出了宝贵的贡献。

人们忘不了1964年那个秋高气爽的十月，在我国西北的丝绸古道上，发出了惊天动地的声响，天空中升起了一朵紫红色的蘑菇烟云——我国第一颗原子弹成功地爆炸了。

20年后，我国最大的受控核聚变实验装置——托卡马克型的“中国环流器一号”诞生了。

有谁知道，“中国环流器一号”的研制成功，凝结了多少科技工作者的心血和智慧；有谁知道，有这样一位科学家，为在我们的国土上创造出光和热，度

中国环流器一号

过了多少个不眠之夜，作出了令人难以想象的牺牲！这位科学家就是将要给大家讲述的主人公——第二机械工业部五八五研究所（现西南物理研究院）一级研究员、所长、中国科学院学部委员（现称院士）、中国核学会核聚变与等离子体物理学会理事长、国际原子能机构“国际核聚变研究委员会”首届中国成员——李正武。

2.2 少小喜读《徐霞客游记》

李正武1916年11月8日出生于浙江省东阳县，早年曾用名李整武，后改为李正武。李家虽然贫寒，但父辈很注重培养孩子们的学习兴趣和道德品质。李正武从小逐步养成了读书和观察自然的爱好，书籍和大自然在他小小的脑袋中激起无数的惊奇、疑问和幻想，他按照自己的想象把龙的九个儿子塑造成姿态各异、性格不同的泥菩萨。他一连几小时观察昆虫忙碌的生活，自己也体验无限的自由和快乐……

少年时代的李正武最喜欢的一本书是明代徐弘祖写的《徐霞客游记》，这本书使他对祖国的大好河山心驰神往，遐想联翩。他暗下决心，要像徐霞客一样，走遍祖国所有的高山、大河、平地、草原，领略祖国大好河山无限美好的风光。

李正武在家里学完了初小1至8册的课程，初小最后一期才进入学校，可就在这个学期，一场冰雹将学校变成一堆瓦砾，只好又停学回家，这使他高小期间的数学成绩不太好。进入初中后，他的才华全面崭露，数学成绩飞速提高，赢得了有名的数学老师的赞赏。李正武先后在杭州高中和金华中学读高中，高中毕业时取得浙江全省会考第一名的成绩。

2.3 就读清华，胸怀国家

李正武高中毕业后，考取浙江大学第一名，也是当时著名的土木工程系的第一名，同时又在3000多名考生中以第一名的成绩考入清华大学。

作为一名热血青年，李正武在北京上大学期间，他曾参加过1935年12月9日爆发的“一二·九”北平学生抗日救亡运动，这是继五四青年运动之后，再一次大规模的青年民主思想的觉醒。抗战全面爆发之后，李正武积极参与抗日救亡工作，加入“支援绥远抗战前线服务团”和共产党在先进青年中组织的救亡团体——“中华民族解放先锋队”，和进步青年们一道冲破国民党反动军警的层层封锁线，在北平政府门前举行游行示威……也就是在救国工作的过程中接触了共产党，并被共产党的做事风格和救国方针彻底吸引了，同时，与著名教育家、社会家雷洁琼有了较多接触，逐步确认了中国共产党才是真正救国的党。

李正武不仅积极参加进步青年的救国活动，在清华大学读书期间，也是极为刻苦努力地学习科学文化知识，并且取得了不俗的成就，还因成绩优秀而年年获得奖学金。1937年日本帝国主义者制造了卢沟桥事变，向中国发动了全面侵华战争，国立北京大学、国立清华大学、私立南开大学受命组成长沙临时大学，李正武随学校南下，1938年又随学校西迁昆明，学校改称国立西南联合大学（简称西南联大）。西南联大仅仅存在了九年时间，但是其成就与光辉，已经逾越了时代和疆域的界限，成为奉献给整个世界的丰厚遗产。毕业学生3882人中，走出了8位两弹一星元勋、2位诺贝尔奖得主、173名两院院士、100多位人文大师。

李正武从清华大学（西南联合大学）物理系毕业后，曾任贵阳气象所技士，江苏医学院、复旦大学、上海交通大学助教、讲师、副教授。

国立西南联合大学旧址

1940年李正武与他在清华大学的同班同学孙湘结婚，他们曾一同参加著名的“一二·九”爱国运动，并共同经历了抗日战争的洗礼，他们在大学期间就形成了科学强国的理想，并决心为此奋斗终生。他们一生共同追求科学强国的理想，共同献身我国受控核聚变事业，书写了一对伉俪科学报国的完美人生。

孙湘（1916—1999），江苏无锡人。1938年毕业于清华大学物理系。曾任江苏医学院、江南大学讲师。1948年留学美国。1953年获南加利福尼亚大学物理学博士学位。1955年回国。历任中国科学院物理研究所研究员，核工业西南物理研究院副所长、研究员。当选第三届全国人大代表。参加并研究成功核爆炸（裂变）光学测试仪器。领导建立了我国2米真空紫外光栅摄谱仪，开展了真空紫外区光谱的研究工作。是我国较早参加受控核聚变实验的科学工作者之一。筹建了西南物理研究院等离子体诊断实验室，为核聚变等离子体诊断创造了条件。

2.4　赴美留学，心系中华

中国处在连年战乱的年代，李正武科学救国的信念更加坚定。1946年，年仅30岁的上海交通大学副教授李正武考取了当时教育部留美公费生。次年，同榜30人赴美深造。1946—1951年，李正武在美国加州理工学院物理系攻读研究生，1951年顺利获博士学位。之后李正武任美国加州理工学院凯洛格实验室研究员，并在美国望城医学中心从事核技术和辐射应用工作。

在美国留学期间，30多岁的李正武在轻原子核反应方面已完成多项实验研究，对爱因斯坦质量能量转换关系作出当时最精确的直接实验测定，提出了带电粒子活化分析方法。他的用轻核反应实验测定轻原子核质量数据表的科研成果，被著名核物理专家杜布里奇博士的权威论著《实验——核物理的方法》所采用，他替换了原拟用的质谱计测定轻原子核质量数据表，独立发现用α粒子轰击原子核的库仑激发现象。爱因斯坦质量能量转换关系被认为是整个物理学中也是自然界最根本的规律之一，同时也是原子能（核能）的基础。在这一时期，李正武还进行了太阳物理方面的研究，成为后来提出热核聚变研究的先导。

在李正武留美学习和工作的这段时间，从大洋彼岸不断传来振奋人心的消息：1949年10月1日，新中国宣告成立，天安门广场升起了五星红旗，中国人民从此站立起来了……10月6日是新中国成立后的第一个中秋节，当时在加州理工学院任教的钱学森专门到洛杉矶唐人街买来面包圈代替月饼，召集李正武、孙湘等中国留学生齐聚街心公园，欢度佳节，共商归国大计，中国的留学生们相约“为了抉择真理，我们应当回去；为了国家民族，我们应当回去……”。

此时，李正武和夫人孙湘迫不及待地想要回国参加祖国的建设，然而，抗美援朝战争爆发后，美国根本不允许从事核物理的科学家回到中国，等待他们的是漫漫归国路。

留美博士李正武

1951年10月9日，美国司法部移民归化局发布明确禁止学习理、工、医、农的中国留学生离境的法令。李正武和孙湘夫妻二人，只好留在加州理工学院凯洛格实验室继续从事研究工作，任研究助理、研究员，在美国望城医学中心研究核技术和辐射应用，创制“钴线治疗机”。

留美时期的李正武和孙湘合影

李正武和钱学森等在美国洛杉矶街心公园欢度新中国成立后第一个中秋节

2.5 祖国在召唤，母亲在召唤

在美期间，李正武和孙湘时刻惦念报效祖国。正当两位博士风华正茂、事业有成之时，新中国的喜讯不断传到了大洋彼岸：土地改革消灭了封建土地所有制，扫荡了旧社会遗留下来的污泥浊水……周恩来总理在讲话中，代表党和国家宣布了有关留学生回国的政策，欢迎留学生回国参加社会主义建设。

李正武一直热切地注视着祖国日新月异的变化，为社会主义事业的不断胜利而感到衷心的喜悦。他在祖国生活了30多年，痛切地感受过半封建半殖民地社会的腐朽和黑暗。今天，他梦想和追求的自由、独立的中国已像巨人一样巍然屹立在世界东方，并发射出越来越灿烂的光芒，这怎能不激起海外赤子热烈的憧憬和向往呢！

祖国在召唤，母亲在召唤！李正武、孙湘和许多海外留学生一样，心底激起巨大的波澜。李正武夫妇迅速打定了回国的主意，很多亲朋好友都劝他们留在美国。当然，这对年轻的夫妇是博士，是研究员，在这里有优越的工作条件和生活条件，不难获得成就。

而国内等待他们的却是艰苦的工作条件和生活条件，特别是核物理研究，更是一片荒芜的领域。但是，凭着对祖国的一片赤诚，特别是对社会主义的向往和热爱，李正武夫妇婉言谢绝了人们的劝说和挽留，坚定地选择了回国。

回国，又谈何容易。当时正处在重重封锁的特殊年代，美国政府不准他们走不说，还加紧了控制。虽说提不出半个字的理由，却硬卡着脖子不让你走。移民局开始一个月来几趟，明查户口，暗中监视。

不让走，按美国法律可以告移民局的状，留美科学工作者协会向法院提出控告，结果自然是瞎子点灯——白费蜡。后来李正武、孙湘分别接到一封信，信上只有一句话："根据美国总统的命令，你们不得离开美国。"

1953年7月，抗美援朝战争结束，被禁止回国的中国留学生开始活跃起来，中国留学生为了将美国扣留他们的事情公开化，他们给时任美国总统艾森豪威尔写了两封公开信，要求美国撤销限制中国留学生离境的命令，给中国总理周恩来写信揭露美国扣留中国留学人员的行径，也给联合国秘书长哈马舍尔德写信。

1954年，苏、美、英、法、中等五国在瑞士日内瓦举行外交会议，主要讨论和平解决朝鲜问题和恢复印度支那和平问题。周恩来总理赴日内瓦参加国际会议，留美科学工作者协会设法给周总理写了信，倾诉了海外赤子的拳拳报国之心。有的科学家还直接向周总理发了电报。中国谈判代表以确凿的事实根据与美国政府派往日内瓦参加会议的代表面对面地说理，美国代表哑口无言。

直到1955年9月，中国政府经过艰苦的谈判，以释放十几名在抗美援朝战场上被俘美国飞行员为代价，换回了钱学森、李正武等一批中国旅美专家学者。随即，美国一些城市在邮局布告板上贴了通知："准予中国留美人员离境。"李正武、孙湘也收到了移民局印有同一句话的通知。在中国政府和周恩来总理的亲切关怀下，突破重重封锁，李正武夫妇等有幸成为20世纪50年代第一批回归祖国的科学家。

2.6 备受瞩目的“克利夫兰总统号”第60次航行

梁园虽好，非久恋之家。李正武和孙湘等中国留美学者们不留恋美国优越的工作条件，也不惧美国当局的威胁，要求回到中国要被美国联邦调查局列入黑名单。李正武和孙湘当即购买了最近启航回国的船票，这艘船正是以美国第22任和第24任总统克利夫兰命名的远洋海轮“克利夫兰总统号”。

1955年9月15日，“克利夫兰总统号”第60次航行从旧金山起航，先后在洛杉矶、夏威夷、横滨、马

“克利夫兰总统号”第60次航行

尼拉等港口作短暂的停留，驶向中国香港。这个航次因为有钱学森、李正武等24位归国留美学者，成为20世纪50年代归国潮中的一个备受瞩目的航次。

1955年9月17日，李正武和夫人孙湘抱着他们刚刚出生两个月的儿子，钱学森和夫人蒋英带着他们的两个孩子，同时从美国加州理工学院所在地帕萨迪纳出发，在本次航程的第二站洛杉矶码头登船，在美国联邦调查局人员的监视下同在旧金山先期上船的20位中国留美科学家一起乘“克利夫兰总统号”邮船离开美国回国。美国朋友还组织了一个岸上欢送队为他们送行。启程前，美国合众国际社记者专程赶到船上采访钱学森。

第二天，世界上一些国家和地区的重要报刊纷纷在醒目的位置刊登了合众社关于钱学森回中国的电讯，这篇电讯也提到了李正武博士：

［合众社美国加州威尔明顿18日电］加州理工学院工程师钱学森博士，昨天搭“克利夫兰总统号”邮船返回中国，他发誓再也不到美国了。

钱博士和他的妻子、两个孩子同行，他说：他的回家的愿望曾受到“故意阻延”。

钱博士说，他对美国人民并无怨愤。

和他同船回中国的还有一位中国科学家，美国望城医学中心的李正武博士。移民局和海关人员曾彻底检查钱博士的行李。他离境时，一个联邦调查局的人也守在旁边。海关人员说，他的行李只是些私人物品和一本关于核子放射的教科书。

钱博士行前曾邀请30位加州理工学院同事参加话别会。只有2人应邀而来，而且这2人也不愿说出姓名。

这位46岁（作者注：应为44岁）的科学家否认他是一位火箭专家，只说他是一位“工程学家”。他说，他打算回中国去“竭尽全力帮助中国人民建设国家，使中国人民可以生活得光荣幸福”。

这位博士说明他的理由，用字十分仔细，他解释说，他不愿说出一些表露他怨愤的话来。有人问他是否将在军备上协助中国政府，他拒不作答。他说：“这是一个假想的问题，鄙人拒绝回答。”

他说：“我同情中国政府。我相信我的前途是在中国。我对美国人民并无怨愤。全世界的人民都是一样的在谋求和平，谋求幸福。”

钱博士说，他在中国的计划还“没有一定”。他说，他的妻子也生在中国，她“完全赞同”他回红色中国的计划。

钱博士说，他是1935年到美国搞研究的。他们夫妇的两个孩子也同船回家，一个叫永真，5岁；一个叫永刚，7岁。

他说，他的决定（回国）不是“匆促判断”的结果，他“长时期”就想这样做。他说，飞弹研究工作只是他这个工程学家研究工作中的一小部分。

他说，这情形“对于你们的国务院比对于我”更尴尬，又补上一句话：“假如你想知道真实情况，去问你们的国务院吧。”

说完这一句，他就匆匆转身，走进了他的三等舱房间。

在一定程度上，合众社电讯真实地记录了钱学森和李正武等科学家离开美国之际的情形。

在成都理工大学工程技术学院内的中国核聚变博物馆里，有一件珍贵的展品——美国产“皇家”（Royal）牌打字机。这台打字机曾跟随主人沐浴过美国加州的阳光，漂洋过海回到国内，曾在北京房山见证过中国核工业的星星之火，也聆听过四川西南的绵绵雨声。如今，这部打字机静静地躺在橱窗里，向每个参观者讲述着它曾经的主人——中国著名的实验核物理学家、核聚变与等离子体物理学家，中国核聚变能源开发领域的开拓者和领军人，中国科学院院士李正武，讲述着当代“夸父逐日”的故事。

美国政府严禁中国科学家携带任何书面文件回国，但这台“皇家”牌打字机却不在禁止之列。据李正武的女儿李漱碚介绍，由于每个人能携带的行李数量有限，“念旧”的李正武当时为此还犯了难。最终，他舍弃了一箱行李，将这台打字机带回了祖国。

“克利夫兰总统号”在洛杉矶起锚后，24位中国留学人员在钱学森的倡导下，成立了一个“同学会”，他们的6位未成年子女也以成员身份加入进来。“同学会”的第一项工作是编辑了一份30人的名单。1955年9月20日，由王祖耆动手刻板、油印了几十份《“克利夫兰总统号”第60次航行归国同学录》，分发给大家。钱学森直到去世还珍藏着这份“同学录”。

这就是“克利夫兰总统号”第60次航行归国同学签名，计有：蒋丽金、洪用林、陆孝颐、许国志、张发慧、戴月棣、张士铎、疏松桂、刘骊生、陈炳兆、冯启德、钱学森、蒋英（携子女钱永刚、钱永真）、刘尔雄、王祖耆、沈学均、许顺生、孙湘、李正武（携子李启平）、胡聿贤（携子胡传朔）、刘豫麒、何国柱（携子女何乃君、何乃知）。未签名的有肖伦和肖蓉春夫妇。

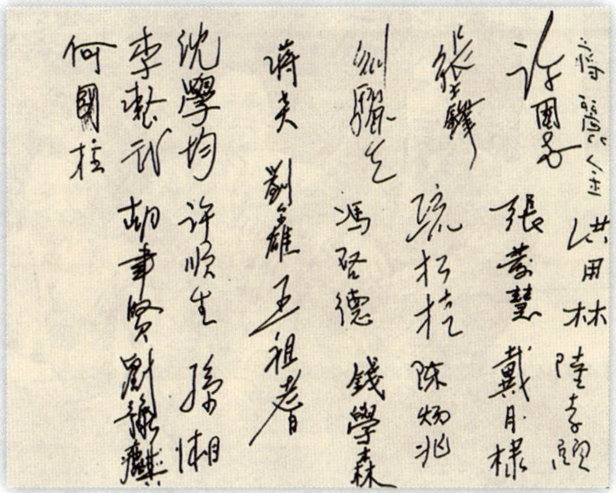

“克利夫兰总统号”第60次航行归国同学的签名

2.7 太平洋上的中秋节

太平洋上波浪轻缓地舒展起伏。船上乘坐着一批回归祖国的中国科学家。身体还虚弱的孙湘抱着出生还不到两个月的儿子启平躺在女舱里，李正武在一旁照料着，他们既兴奋又担忧——终于踏上了回国的路途，可又难保美国政府不再继续阻挠，几年前赵忠尧博士、沈善炯博士和罗时钧博士（导师钱学森）三人不正是在公海上被扣留的吗？

沈善炯（左）、罗时钧（中）和赵忠尧（右）

9月21日，轮船行至夏威夷海域，恰逢胡聿贤、戴月棣夫妇的儿子胡传朔一周岁生日。同学们开了一个庆祝派对。大家买了一只蛋糕，还送给胡传朔一张贺卡。贺卡的一面是“克利夫兰总统号”邮轮的照片，另一面是大家的签名。遗憾的是，这张贺卡在“文化大革命”期间被胡聿贤、戴月棣夫妇烧掉了。

大海茫茫，勇敢的海燕在海面上飞掠和歌唱，像是一路欢送和护卫赤子回归。李正武站在甲板上，像沉浸在梦境里一样，凝望着太阳刚刚升起的地方。

艳红的朝霞在天边燃烧着，把光芒投射在无边的大海上，灿烂的光带从太阳下面辉煌地伸展过来，使人全身心沐浴在温暖的光辉之中……

一阵带咸味的海风吹来，亲切地拂弄着他的头发，掀动着他胸前的领带，李正武沉入遐想之中。怎么，留恋吗？后悔吗？甩在身后的是设备先进的实验室、可以发挥才能的职位、优裕的物质待遇……不！刚刚解放了的祖国，饱受战争的创伤，疮痍满身，百废待举，祖国更需要他。他不正是为改变祖国母亲的贫穷才热切地要把自己的一切都奉献给她吗？

“克利夫兰总统号”，你怎么走得这样慢啊！邮轮依然以每小时21海里的速度行驶着，游子们只得在海上庆贺中华人民共和国6周岁生日。这是多么美好的时辰啊！10月1日是中华人民共和国的6周岁生日，9月29日又是八月十五中秋节。一轮满月，悠悠地从那与天相接的波涛中浮出海面，那么大，那么圆，那么亮，像玲珑剔透的银盘，又像晶莹透明的玉镜。李正武博士、钱学森博士、何国柱博士、肖伦博士、许国志博士、疏松桂博士等与夫人、孩子们一起聚集在甲板上，欢度两个美好的节日。船行在波涛声中，钱学森兴致勃勃地用短笛伴奏，夫人蒋英领头唱起了激动人心的“起来！不愿做奴隶的人们………”

接着，李正武等提议请钱学森给大家讲话。钱学森高兴地把在美国时从报刊上收集到的关于国内建设的情况向大家做了介绍。然后，他又诚恳地对大家说：祖国一些机关的领导干部都是身经百战的老同志，他们对祖国是有功绩的。我们回国以后，一定要尊重这些老同志，虚心接受他们的领导，和他们搞好合作……

来吧！为我们伟大的中华民族干杯！

为我们年轻的共和国干杯！

为我们即将投入沸腾的生活干杯！

为我们将献出生命和才华的伟大的社会主义建设事业干杯！

2.8　冲破藩篱回到祖国

经过22天的穿越太平洋的航行，“克利夫兰总统号”终于在10月8日顺利抵达香港。党中央十分重视这批归国科学家，提前做了周密安排，派人到深圳迎接。10月8日上午11时25分，钱学森一家、李正武一家和同行的中国留学生乘火车离开香港，经罗湖口岸踏上祖国大陆。

钱学森和李正武等科学家一踏上祖国的土地，就受到了热烈的欢迎。1955年10月10日，《人民日报》第一版对此进行了特别报道。这篇报道开篇第一句讲道："新华社广州九日电从美国归来的著名的中国科学家钱学森和物理学家李整（正）武在八日晚到达广州……"

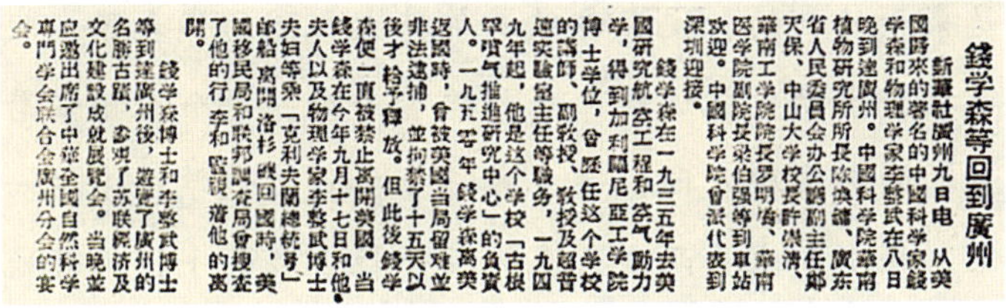

錢学森等回到廣州

新華社廣州九日电 从美國歸來的著名的中國科学家錢学森和物理学家李整武在八日晚到達廣州。中國科学院華南植物研究所所長陈焕鏞、廣东省人民委員会办公廳副主任郑天保、中山大学校長許崇清、華南工学院院長罗明燏、華南医学院副院長梁伯强等到車站欢迎。中國科学院曾派代表到深圳迎接。

錢学森在一九三五年去美國研究航空工程和空气動力学，得到加利福尼亞工学院博士学位，曾歷任这个学校的講師、副教授、教授及超音速实驗室主任等職务，一九四九年起，他是这个学校「古根罕喷气推進研究中心」的負責人。一九五零年，錢学森离美返國時，曾被美國当局留难並非法逮捕，並拘禁了十五天以後才給予釋放。但此後錢学森便一直被禁止离開美國。当錢学森在今年九月十七日和他夫人以及物理学家李整武博士夫妇等乘「克利夫蘭總統号」郵船离開洛杉磯回國時，美國移民局和聯邦調查局曾搜查了他的行李和監視着他的离開。

錢学森博士和李整武博士等到達廣州後，遊覽了廣州的名勝古蹟，參觀了苏联經济及文化建設成就展覽会。当晚並應邀出席了中華全國自然科学專門学会联合会廣州分会的宴会。

作者的知交、宁波大学原校长朱兆祥先生回忆起当年他作为中国科学院代表赶到深圳迎接钱学森和李正武的情景时，动情地讲道：

当我到广州时，国务院副总理陈毅已有电报来请省府关照。地方上很支持，派了一位副处长陪同我前往深圳协同工作。1955年10月8日，深圳罗湖桥头动人心魄的一幕是很难忘怀的。当时我们已经从中国旅行社探知，钱先生等30位离美归国人员所乘邮轮将在九龙靠岸，当时的港英政府屈从美国的压力，对钱先生等一行以所谓“押解过境”的屈辱名义来对待。近中午时分，罗湖桥门打开了，这支光荣的爱国者队伍踏上界桥，面向祖国，步行过来了。正当我们拿着照片紧张地搜索钱先生一家之时，我的手突然被队伍中的一位先行者抓住，使劲地握着。我猛转身，发现对方眼眶里噙着的眼泪突然掉了下来。我意识到，此时此地我这个人，虽然原来谁也不认识我，也不知道我是来干什么的，现在却被看作伟大祖国的代表了。我也极为感动。就这样，一个挨着一个，每个人都带着激动的泪痕跨入国门——我终于接到了钱学森先生一家。永刚和永真两个天真的孩子拉着我的手，不停地喊着：“Uncle Zhu，Uncle Zhu”（作者注：“朱叔叔，朱叔叔”），他们也和父母一样沉浸在回到祖国的幸福之中。同时从美国加州理工学院所在地帕萨迪纳出发，和钱先生一家一路同行的还有李正武、孙湘教授一家。进入深圳车站休息室坐定后，我把中国科学院副院长吴有训和学术秘书钱三强先生的欢迎函面交给他们。钱学森先生站了起来，再次和我们握手，并走到李教授跟前说：“正武兄，这下我们真的到了中国了。恭喜！恭喜！”两个人又激动地握手。孙湘教授把怀中的孩儿递给丈夫，从手提包里取出他们随身带来的离美那天出版的《帕萨迪纳晨报》给我看，上面印着特大字号的通栏标题——《火箭专家钱学森今天返回红色中国》。

这天，钱学森一家和李正武一家终于安全地回到了祖国，开始了崭新的一页。在广州大家更是受到各界代表和广东省科协的热烈欢迎。大家参观了市区和两个博物馆。几天之后，这些归国人员分为两组，一组去往北京，一组去往上海，首先是回家探望自己的亲属。

回国后的所见所闻给李正武夫妇留下了难忘的印象。一切都变了，变得那样生气勃勃，那样使人惊奇赞叹。当然，展现在他们面前的不是什么绚丽的图景，还普遍存在着原始的耕作方法、繁重的工业劳动、贫乏的小农市场、单调的衣着色彩……但这没什么，因为党和人民正万众一心、同心同德地改变着这一切，举国上下呈现出旧中国从来没有过的蓬勃朝气，这不是正好赶上了报效祖国的大好时代吗？

2.9　与钱学森半个世纪的友谊

“克利夫兰总统号”同船归国的24位留美学者回国后，按照国家的分配原则，立即奔赴各自的工作岗位，从此为祖国建设贡献了毕生精力。其中钱学森对中国国防事业的贡献最为世人瞩目。钱学森1957年被增补为中国科学院院士，李正武、肖伦和蒋丽金1980年被选为中国科学院院士，胡聿贤1991年被选为中国科学院院士，许国志1995被选为中国工程院院士。这24位留美学者中走出了6位院士。从此，24位科学家彼此之间结下不解之缘，建立了深厚友谊，交往不断。

李正武与钱学森不仅是浙江同乡，而且相识相交在异国他乡，更是多了一份情谊。李正武从1946年赴美留学至1955年归国近10年时间，始终和钱学森同在规模并不大的加州理工学院学习工作。夫人孙湘1948年赴美留学至1955年归国也是在洛杉矶地区的南加利福尼亚大学。而钱学森在中国留学生中鼎鼎大名，交友广泛，又以热心帮助乡里著称。李正武和钱学森彼此常有交往，在美国时就是很好的朋友。

钱学森1935年至1955年在美国求学工作整整20

年，基本上是在加州理工学院和麻省理工学院这两所大学，在麻省理工学院求学一年，担任教授两年，其余时间基本都是在加州理工学院度过的。他在加州理工学院早期的岁月也是他一生中最为愉快的岁月。他离世前有一次深刻的谈话，谈的就是他在加州理工学院学习工作中的人和事，可见他对加州理工学院有着深厚的感情。

钱学森是一个非常重情义的人，无论时局如何变幻，他总是会尽可能关照他的同学、同事和有过交集的人们。1978年春夏之季，钱学森来到四川绵阳检查指导国防科技工业，专程到乐山市的西南物理研究院

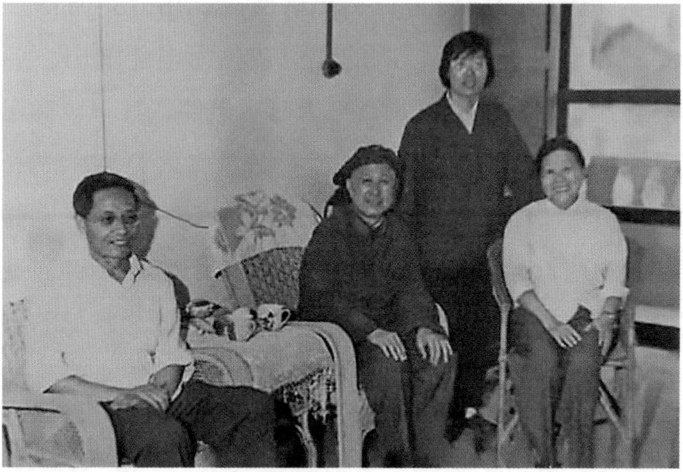

左起：李正武、钱学森、李漱碚、孙湘

看望了李正武老友一家，话当年，话科研，话祖国各项事业的发展变化。

2.10 在地球上创造永远不落的人造太阳

炽热的太阳投送到地球上的光和热，只是其光热总量的极微小的一部分，而这已经亿万年地哺育整个人类和万千生物。能不能通过人工控制核聚变重新创造出光和热呢？1952年11月，人们根据轻核聚变的原理试制成功了氢弹。可是，要实现人工控制轻核反应——受控核聚变，比这要困难得多，因为还要将氢弹爆炸瞬间所进行的热核反应，用人工方法控制着进行，并把所释放的能量转化为电能输出。要达到这个目的，必须具备三个基本条件：其一，实现受控核聚变的最后运转温度（临界点火温度）——1×10^{8}摄氏度；其二，被约束的等离子体的密度要达到$10^{14}/cm^{3}$；其三，最少约束时间达到1秒钟。受控核聚变一旦实现，浩瀚的大海就成为取之不尽的宝贵能源，因为从一升海水中提取的氘，在完全的聚变反应中可释放相当于燃烧300升汽油的能量，这就相当于在地球上创造出永远不落的人造太阳。

李正武曾独立地完成一项实验。过去，原子核质量的最精密的测定是用质谱计来完成的。美国一位著名的核物理专家一举写下厚厚三大本权威性的论著《实验——核物理的方法》，其中列了一个运用质谱计精密测定的轻原子核质量的表格。不料，正当这三本书即将付印，李正武在系统地总结他的实验结果时，发现了各种轻原子核的质量可以直接从核反应的关系中得出，这比当时的质谱计的测定准确度还要高，同时，经过比较还得出了爱因斯坦质量能量转换系数，得出了当时最精密的实验测定值。美国这位核物理科学家看到李正武的这些研究成果为之一惊，他立刻从自己即将付印的论著中抽出那份表格，换上了李正武用轻核反应实验得出的轻原子核质量表格。这是李正武从事核物理研究跨出的光辉的一步。

1955年10月归国不久，国家根据李正武的专业，将他安排到中国科学院近代物理研究所。他积极倡仪在中国开展受控核聚变与等离子体物理方面的研究。很快，他协助“中国原子能之父”赵忠尧研制完成了我国第一台2.5MeV质子静电加速器和第一台电子静电加速器。当他看到加速器中投射到观察水晶片上闪烁的质子束光斑时，内心是多么激动呀！他在国外进行实验时，曾整夜整夜地观察过这种光斑，但眼前所见的都是中国人自己的创造啊！

1956年，他参加了全国十二年科学技术发展规划中的原子能科学技术发展规划，他们的倡议被列入《十二年科学技术发展规划》。此后，他一直是受控热核聚变研究工作的积极支持者。

自1961年起，李正武转入核聚变研究领域，是我国较早从事受控核聚变研究的科学家之一。他领导了绝热压缩小型磁镜装置的研究工作及小型仿星器装置的后期筹建工作，并提出建造稳态“多用磁笼”装置。就像儿歌中所唱的，“我有一个美丽的愿望，长大以后能播种太阳”，长久以来，人类一直希望通过可控核聚变反应创造出“人造太阳”，从而获得源源不绝的能源，大幅改善人们的生活。

2.11 开辟中国受控核聚变之路

氢弹的爆炸成功，促使20世纪50年代掀起了“核聚变”的研究热。几个大国都在绝对保密下神秘地进行着。李正武在美国进行了多年核分离和分子生物前沿噬体的研究，而受控核聚变的研究，美国是保密的。他忘不了1952年的一天，他所在的实验室的教授和高级研究人员突然不见了，一年以后才重新出现。他一直解不开这个谜。直到回国以后，才从一份资料上得知，那些人是到另一个地方去搞一个最后未能成功的可控热核聚变的绝密研究去了。

中国在受控核聚变研究方面，当时尚是一个空白。据说当时苏联已宣布要给各社会主义国家一座反应堆、一台回旋加速器。但即便如此，也并不等于我们有了自己的受控核聚变研究，开辟我国自己的受控核聚变研究应提到议事日程上来。1956年，党和政府制定了12年科学规划，受控核聚变研究也列入这一规划之中，李正武的许多建议受到重视并被采纳。可是让他没想到的是，真正落实开展这项工程的时候，有人当头泼了一盆冷水，说什么："受控核聚变研究太难了，没有那个能力，搞不成功，还是等以后再说吧。"

李正武心中很不是滋味。当然，受控核聚变研究在世界上都是一个艰难的课题，更何况我国几乎没有这方面的基础和条件。但是，难道说中国人就天生没有揭开自然深邃的奥秘和驾驭自然的能力吗？就这样注定要被人蔑视吗？

李正武没有被泼来的冷水吓倒，中国的科学家们开始开垦受控核聚变研究这一片荒芜的处女地了。可是，受控核聚变研究开始不久就受到外部因素的影响，下马了。研究室科技人员减少到20人，李正武负责“下马”阶段的研究工作。

什么是核聚变？顾名思义，是利用原子核聚变反应产生能量。人类最早发现的核聚变反应是太阳内的核反应，它不断地向外辐射能量，向地球输送能源。因此，核聚变也被看作宇宙的能源。它的好处也是显而易见的，比如安全性高、废料处理成本低、原料容易获得等。

核聚变的燃料，氢的同位素氘在海水中储量极为丰富，核聚变反应堆不会产生污染环境的硫、氮氧化物，更不会释放温室效应气体，而且核聚变反应堆具有绝对的安全性。可以说它是一种无污染、无核废料、资源近乎无限的理想能源。受控核聚变发电的实现将从根本上解决人类的能源问题。

这话说起来容易，实践起来谈何容易！太阳是一颗中等质量的恒星，质量相当于地球的N倍，其内部可以达到1500万度的高温和N个大气压的高压，所以能够产生可持续的核反应。而氢弹的爆炸机理实质上就是用原子弹当引信，利用原子弹核裂变反应产生的高温高压引发核原料产生聚变反应。

受控核聚变反应可用惯性约束或者磁约束的方式使之发生可控的、安全的核聚变反应，从中获得的热

归国初期的李正武

量可以转化为机械能，进而转化为电能，以替代目前广为使用的化石能源。

另外，受控核聚变不是一个独立的专业，而是一个高度综合的学科。例如研究团队里有研究激光、阀门、等离子体物理、材料、电控、计算机等的。

2.12　历经磨难，不改初心

1964年12月，著名核科学家、二机部副部长钱三强和其他有关领导与从事受控核聚变研究的一些同志，周密地研究和制定了到内地建设受控核聚变基地的规划，李正武沉默而愉快地接受了到大西南建立研究所的任务。正当他们进行紧张的筹备工作，准备奔赴新的战场时，“文化大革命”爆发。

与此同时，国际上受控核聚变研究取得了巨大进展。1968年，苏联科学家在托卡马克——环流器的研制上取得重大成就，英国科学家测试小组到苏联验证了这一成就，从此开始了这项研究在国际上的合作。全世界再次掀起了用托卡马克途径研究受控核聚变的热潮。

1965年，适逢国家开展“三线建设”，李正武负责三线研究受控核聚变基地的筹建工作。好不容易熬到1969年冬天，二机部决定，李正武他们在北京的这一研究室，全部搬往大三线……

2.13　大三线创建西南物理研究所

著名的“世界文化和自然遗产”旅游城市——乐山，峨眉山下的大渡河、青衣江、岷江汇集处，巍然矗立着高达71米的乐山大佛，它注视着日夜奔流不息的三江水，已超1200年了。

乐山的盛名，已经冲出三峡，越过重洋，响遍了整个世界。然而，很少有人知道，就在这峨眉山下，大佛身旁，40多年来正在悄然无声地进行着探索人类能源的前景广阔的受控核聚变研究。

这里就是原二机部西南物理研究所。

1969年12月6日，年过半百的李正武夫妇放弃了条件比较好的北京，带着小儿子，和他的同事们来到四川乐山原二机部585所，开始了神秘而艰苦的研究工作。中国第一代“人造太阳”装置——“中国环流器一号”装置的研制，从乐山的研究所迈出了艰苦的第一步。

当年李正武和夫人孙湘在美国时，西装革履，光鲜亮丽，还开着豪车。现在，李正武一家三口住进了一间仅十来平方米的“干打垒”，墙壁是用灰黑的混凝土块垒起的，公用的水龙头和公共厕所都离得老远，晴天用起来也很费时间，一到雨天，泥深路滑，打水和上厕所都成为很艰难的事了。老一代科学家们这种甘于平淡、无私奉献的可贵品质值得我们后辈铭记和传承。

研究所离城比较远，就是后来修通了公路，乘车进城，也得半小时。李正武他们刚到时，路还没有修好，粮、菜、煤，都得进城去买，然后背回来。后来修通了一条乡村马路，随之也使用了较先进的工具——手推车。50多岁的李正武，就是在这样的生活条件下和大家从事着最尖端研究。

环境艰苦倒是次要的，作为科技工作者最苦恼的是，动乱的社会环境断绝了他们与国际交流的信息渠道，以及缺乏最起码的技术设备。西南物理研究所仅有的核聚变装置资料，只有一张示意图和几个公式，连一台计算机也没有。

“筚路蓝缕，以启山林”，李正武和他的同事们就这样开始了研制受控核聚变实验装置——“中国环流器一号”的艰巨事业。1972年，在周恩来总理的直接关怀下，“中国环流器一号”的研制纳入第四个五年计划，定名为“451”工程（即国家第四个五年计划一号工程），李正武被正式任命为“451”工程总体组组长。这位多年从事受控核聚变研究的专家终于名正言顺地走上了关键领导岗位。从此，李正武更忙了。白天，他和各课题小组的同志讨论各种理论、技术问题，晚上回到家就忙着查阅资料，还经常接待深夜登门拜访的科研人员，每天至少工作14个小时。为了节省时间，他和夫人孙湘一次做可以吃一两天的米饭。多少年如一日，他好几个月不进城理发，头发太长时就随便请个同志理一理。冬天，屋子里气温很低，也没有时间去点煤炉子。

1969年后，李正武除组织指导磁镜装置和其他小型装置的实验研究外，还积极投入到“中国环流器一号”的设计、研制工作。1974年他首先提出实现聚变能应用可分为两步：第一步为裂变K聚变堆，第二步为纯聚变堆。这一设想后来被国家“863”计划采纳。他撰写的《我国受控核聚变的里程碑》《中国环流器一号初步实验报告》等论文和实验报告，在国内外产生了较大影响。

1978年钱学森等视察585所时合影，前排右二为李正武、前排右四为钱学森、前排左一为孙湘

李正武和同事在实验室向上级领导汇报工作

2.14 “中国环流器一号”的诞生

研制“中国环流器一号”的关键部分是主机。为了使主机的工程设计和各部件的加工研制达到质量标准，李正武几乎对每个重大技术问题都要亲自过问，和同志们一起反复讨论，以选出最佳方案和最优实施方法。在进行总体工程设计的讨论时，有的技术人员发现某外国这类装置的变压器的铁芯与主机线圈的联结方式，是将十多个线圈直接靠在铁芯上，这样，线圈通过高压大电流时所产生的数千吨向心力一齐压到铁芯上，势必造成毁坏铁芯和发生其他不堪设想的后果。怎么办？李正武多次召开会议，专题讨论解决方案。有人提出了使用护筒联络的方法，即加工一个护筒，计算出护筒所受的力高达16kg/cm^2。为了检验这一运算的准确程度，李正武又亲自进行运算，和同志们一道反复琢磨，最后决定将护筒改为护环。就在这时，美国公布了“ATC”装置，其线圈和铁芯的连结方式使用的是“桥拱”方式。一部分同志便主张“中国环流器一号”也采用“桥拱”方式。李正武在一次又一次的会议上，让大家充分发表意见并收集意见，把各个方案的利弊优劣一一做了对比，最后果断地决定：“结合我们的实际，我们还是走自己的路——采用护环连接方式。”

无独有偶，美国最大的受控核聚变装置“TFPR”于1980年建成运行，它的线圈与铁芯的连接方式也由过去的“桥拱”改成护环，只是比李正武他们的设计晚了数年。

正当各课题组在进行各部件的设计、研制时，李正武经过仔细分析和推算，提出了环电流的线圈断裂可能造成的严重后果以及如何防止断裂的问题。这是“中国环流器一号”建造中的一个重要问题，如果线圈在运行中发生断裂，高温等离子体就会外溢，后果将不堪设想。为此，李正武带领部分同志做了线圈通电变形的实验，制定了防止线圈断裂的各种措施。由于综合考虑了各种因素，保证了线圈研制安装的质量，环流器的总体工程得到了顺利启动，并在启动后能保持良好的性能。

在“环流器”总装调试前，面临着一个重要的技术决策：是将各部分的指标都调整到设计指标后再进行总体联调呢？还是总装成功后就进行总体联调而后逐步达到各部分的设计指标？两种意见争论十分激烈，李正武认为双方都有其合理性和可行性，但经反复比较后，他还是选择了后者。这种做法，能使“环流器”尽快启动，进行总体联调，进而确定各个不同环节的轻重、先后和相互关系。李正武多次召开会议，并亲自到安装现场与科研人员一起观察研究，比较两种方案的利弊得失，终于说服了大家。李正武他们实施的方案保证了“环流器”由低到高一步步进入高指标高参数范围运行。1984年9月21日，“中国环流器一号”提前启动运行了！

1987年7月，经国家科技进步奖评审委员会评定核准，“中国环流器一号”获得国家科技进步奖一等奖，从而正式确认了李正武等一代人艰苦奋斗的成就，确认了我国向开发核聚变能源奋进路上的这一光辉里程碑。

在“中国环流器一号”正式启动运行后，全国各大报纸、中央人民广播电台、中央电视台都在显著位置或在重要时刻发表、播放了这一消息。1985年，通过两轮物理实验，又获得了较高的实验指标，各大报纸又都在第一版头条或显著位置加以报道。中央电视台、中央人民广播电台也为此播放了消息。之后，中央新闻纪录电影制片厂、画报社、四川省新闻工作者协会等新闻影视单位也陆续前来西南物理研究所采访、摄影。

2.15 载入世界科学史的历史性文献

1986年11月，国际原子能机构在日本京都召开第11届国际等离子体物理与受控核聚变研究会议，李正武带队代表我国参加了这一世界性的盛会。这次会议有32个国家和地区及两个国际组织的共656名代表参加，在大会闭幕会上李正武宣读了长达3万字的总结报告，在第一段就述及了“中国环流器一号”的诞生，并对中国的成就致以祝贺。4个月后，总结全文登载于国际原子能机构《核聚变》期刊上。从此，“中国环流器一号”载入世界受控核聚变研究的史册，也在国际上确立了我国核聚变研究的地位。当报社记者来采访李正武、新华社记者来为他拍照、中国国际广播电台的记者来替他录音时，除了在公众场合，他和其他科技人员在一起的场面被发表以外，其余对他个人的采访，他都通通拒绝了。用他的话来说：“‘中国环流器一号’的成功，是集体奋斗的结晶，而这一成功不过是我国受控核聚变研究路途中的一站，今后的道路还漫长得很。如果要宣传某些个人的话，那就宣传以后在这项研究中做出卓越贡献的中青年科技人员吧！”

看着这位年逾古稀、两鬓斑白，却精神矍铄的老人，回忆起他从事轻核反应和受控核聚变研究的漫长岁月，听着他对他个人在建造受控核聚变装置中所起作用的谦逊的评价和给予下一代的期望，我们不禁想起千百年来在民间广泛流传的神话故事《寻太阳》中的刘春。这位住在西湖金石山下的好汉得知太阳被东海的一个魔王藏到海底下的一个岩洞里去了，便毅然告别妻儿，到东海去寻找太阳，但不幸死在半路上。为了给后来寻找太阳的人引路，他化成了一颗星星升上了没有太阳的黑暗的天空。后来他的儿子继承了他的遗志，在星星的指引下，终于来到东海，找到了太阳。

西南物理研究所进行的受控核聚变研究，正是要在地面上寻找出人工创造光和热的途径。自然，要实现这一人工创造“太阳”的宏伟目标，至少需要两三代人的奋斗。李正武长期从事核物理、等离子体物理和受控热核聚变等方面的研究，为核科学技术的发展和人才的培养做出了贡献。学术著作有《爱因斯坦常数的精密测定》《带电粒子活化分析》《轻原子核质量》《中国的受控聚变研究》等20余部。李正武这些先驱者正如星星一样照耀着前进的道路。

2.16 夸父逐日，永不停歇

1982年11月，李正武66岁，由第一线的所长职务退居第二线，担任名誉所长。但他雄心未退，壮志未减。他回到北京后，除从事核学会和等离子体学会的活动外，仍时刻关心着西南物理研究所和“中国环流器一号”的研究工作。来北京的同志到他家看望，总碰上他在查阅资料、看书研究。他的家简直就是书的海洋。他精通英文，懂俄文、法文和德文，还会一些日文，直到晚年，还在不断地学习，学习！

李正武笑称退下来后，自己是“自由版”了，但“自由版”并不自由。李正武每天仍坚持工作，时时牵挂着“西南”。为联系方便，走到哪儿，他都把手机揣在口袋里，李正武感慨地说：“一个人就那么点时间，做那么点事，哪还来得及啊。”

李正武经常给所里写信，提出指导性的意见，还经常回到西南物理研究所，与有关负责同志和科研人员讨论决定重大技术问题。1987年5月，71岁的李正武与夫人孙湘带着思考了许久的对实验的意见和要求，回到乐山给科技人员做了详细的报告，并且针对当前科研管理中存在的问题，提出了在现有物质、技术和人才基础上，加强协作、团结奋斗，以早日实现受控核聚变的发展方针。

在李正武院士这样的老科学家的指导下，经过科研人员的共同努力，“中国环流器一号”一次又一次地达到新的水平。实验研究项目在不断扩大。环流器的主要指标，在启动后两年多来，纵向磁场达到2.6特斯拉，等离子体电流达150千安培，等离子体存在时间1秒，等离子体电流持续平均时间达0.4秒，平均电子温度800万度，中心离子温度500万度。这使得我国在受控核聚变研究方面成为继美、苏、日、德、法、意之后以中等以上规模装置开展实验研究并取得较好成绩的国家。

随即，我国与国际原子能机构签订了合同，“中国环流器一号”开始承担某些研究项目。接着，中美签署了在磁约束聚变领域的合作协定，制订了具体的合作研制计划，其中“中国环流器一号”提供了一个有力的实验设备。

1987年4月，从美国传来的有关研究单位向美国能源部申请建造“点火”装置的报告中，特别提到了“中国环流器一号”对他们的借鉴作用。

“中国环流器一号”已走向世界了。

李正武在乐山家里查阅科研参考资料

友人看望李正武院士

中国环流器二号M装置

然而，在李正武看来，这些只不过是起点。他与科研人员共同找出了“中国环流器一号”存在的缺陷，并提出了改进的办法。1988年，为进一步推动我国受控核聚变事业的发展，李正武及时提出了“中国环流器二号”的概念设计框架，为“中国环流器二号A装置”的建设奠定了基础。继而，将建造过渡到“点火”的装置，到21世纪中叶，受控核聚变将发展到利用海水发电为人类造福的阶段。那一天，李正武自然是看不到了，但他豪情满怀地说：“我虽然看不到那一天，但对这一造福子孙后代的研究，还可以做一些力所能及的工作，直到生命的最后一刻！”

70多岁的科学家李正武、他的夫人孙湘及其他许多开拓者继续为初具规模的受控核聚变研究默默地奉献着光和热。李正武院士在谈到我国受控核聚变研究的前景时，自豪地说：如果我们抓紧工作，就可能与世界先进国家同步解决受控核聚变的问题，为人类作出中华民族的一份贡献。

李正武院士晚年为推动学术交流，创办了《核聚变与等离子体物理》期刊并担任主编。他曾任国际原子能机构国际聚变研究理事会首届中国成员，后任该机构 *Nuclear Fusion* 编委，并曾多次任国际有关专业会议的顾问委员会成员。

中国核聚变博物馆李正武塑像

李正武热爱祖国和人民，热爱社会主义，热爱科学，关心国家大事，特别关注国家的科技体制改革，总是及时准确领会、贯彻落实中央精神。年过古稀，他仍注视着中国的受控核聚变研究，不时提出指导性意见；仍关心着中国民品开发与生产，提出指导原则并努力身体力行，按计划开展开发研究的具体工作。李正武严以律己、宽以待人、诲人不倦、甘为人梯，以其严谨的治学态度热情地培养了一代学术带头人。他高瞻远瞩、进取创新、呕心沥血、无私奉献，为中国核能与核聚变事业做出了卓著的贡献，无愧为中国受控磁约束核聚变的奠基人。

2013年7月30日，李正武在北京逝世，享年97岁。“奠基磁约束聚变造福后世”“献身核科学技术光耀千秋”，这副挽联是对他一生的公正评价。

2.17 中国“人造太阳”路线图

创造“人造太阳”是李正武一生的事业，在本篇文字即将结束的时候，我想给大家从科学技术发展的角度做一点科学展望，人类在现有技术条件下有望掌握更强大的能源，是人类亟待攀登的下一级大台阶。

“人造太阳”是“核聚变反应装置”一种通俗的说法，称它为“人造太阳”，是因为它的反应原理和太阳一样。而研究“人造太阳”的目的，是解决人类面临的能源危机。

概括地说，可控核聚变是在模仿太阳产生能量的原理，目标是以极高的效率产生源源不断的清洁能源。而根据目前的理论基础，有几种实现可控核聚变的方式，托卡马克就是其中一种。中国科学院合肥物质科学研究院的全超导托卡马克核聚变实验装置（Experimental and Advanced Superconducting Tokamak，EAST），是国家发改委批准立项的国家重大科技基础设施，拥有类似太阳的核聚变反应机制，用来探索核聚变能源应用，是国际上最重要的核聚变研究实验平台之一。

现在中国的“人造太阳”纪录，也是世界“人造太阳”纪录。新华社2021年12月31日报道：2021年的最后一天，中国科学院合肥物质科学研究院传来消息，12月30日晚，该院等离子体物理研究所有“人造太阳”之称的全超导托卡马克核聚变实验装置（EAST）实现1056秒的长脉冲高参数等离子体运行，这是目前世界上托卡马克装置高温等离子体运行的最长时间。

全超导托卡马克核聚变实验装置（EAST）

现在韩国的“人造太阳”纪录是1亿摄氏度高温持续30秒。

研制核聚变反应装置，科学家们遇到的第一个难点是超导。为了可以长久、稳定地发生聚变反应，就要实现电阻为零，而要实现电阻为零，必须进行超导。什么是超导？超导是把上亿度的磁笼子悬浮在-269摄氏度的这样一个圆环里面。

第二个难点是，一旦聚变发生，会产生强烈的冲击波，即使被悬浮起来，它同样与周边材料有强相互作用。所以对可控范围和时间要求务必精确到零点几毫米、零点几毫秒，否则一旦偏离，什么都将付之一炬。

解决第一个难点，首先需要用线圈使它悬浮起来，控制它处于中心位置不偏离。其次，装置内要保持真空，减少能量损失，内部共有5层真空，类似一个超大的保温炉，这样才能实现1亿摄氏度和-269摄氏度的结合。

解决第二个难点的思路是从材料上入手。在聚变装置中，汇集了当今世界的各种极致技术，而采用的材料也是世界上最硬的一种合金——钨合金。在上亿度的空间里既要悬浮起来，还要同时防止冲击波，难度可见一斑。

2020年7月28日，国际热核聚变实验堆（International Thermonuclear Experimental Reactor，ITER）开始在法国组装，预计2025年建成。全世界众多有实力的国家都在参与ITER，包括中、美、俄、日、韩、印，以及作为东道主的欧洲国家。同时，中国独立建设的中国聚变工程实验堆（China Fusion Engineering Test Reactor，CFETR）也在工程设计中，预计21世纪30年代建成。

中国聚变工程实验堆（CFETR）建筑群效果图

ITER的目标，是为未来的核聚变反应堆提供氘氚等离子体物理基础。CFETR的目标，是为建堆提供工程基础，尤其是材料、氚循环和遥操作，同时在超导和加热方面继续加强。国际核聚变界希望在2050年左右建成示范堆DEMO，在这方面中国的规划是引领世界的。如果一切顺利，将在2070年左右建成有商业价值的核聚变发电站。从2020年到2070年正好是50年。

笔者还想告诉大家，虽然可控核聚变是等离子体物理中最引人关注的话题，但等离子体物理的研究范围远不止此。而等离子体基础理论已经很长时间没有突破了，现在这方面的理论仍然十分复杂，大大限制了我们的预测能力。因此，如果你对可控核聚变的关心更加深入，你就会关心到等离子体的广泛应用，

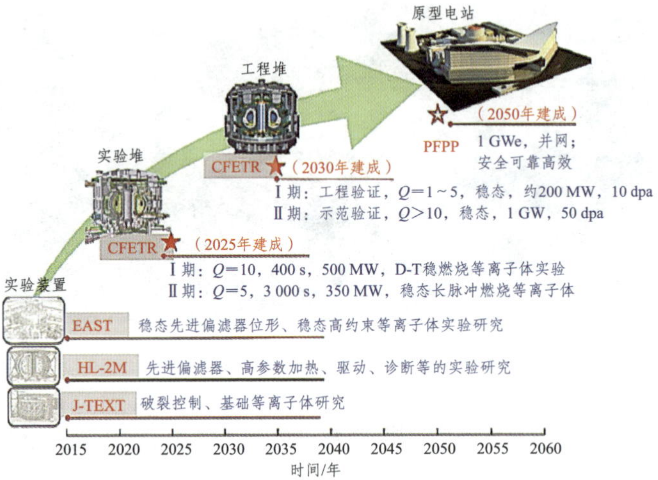

中国磁约束聚变发展路线图

关心到等离子体的基础理论。也许需要基础理论的突破，才能把人类带入下一个大台阶。

一个新的“太阳”，将由几代中国科学家的手从地球上托起！

◎李正武院士语录

结合我们的实际，我们还是走自己的路。

一个人就那么点时间，做那么点事，哪还来得及啊。

创新英雄

中国科学院院士刘盛纲的故事

◎ 院士简介

刘盛纲

刘盛纲，1933年12月26日出生，安徽肥东人，物理电子学家，中国科学院院士，中国科学院学部主席团成员。1955年毕业于南京工学院（现东南大学）。1958年在成都电讯工程学院（现电子科技大学）获副博士学位。历任成都电讯工程学院讲师、教授、副院长、院长，创建成都电讯工程学院高能电子学研究所，并担任第一任所长。1988—2001年任电子科技大学校长。他是强辐射、大功率微波及电磁场与微波三个国家重点实验室的学术委员会主任。曾任中国电子学会副理事长、中国真空电子学会会长、国务院学位委员会学科评审组成员、国家“863-410”主题专家组成员、国家“863-8”领域专家委员会成员、顾问，并在“863计划”中做出了重大贡献。受聘为美国田纳西大学等著名大学的客座教授及国内外几十所大学的客座教授。

他在微波电子学、相对论电子学、电子回旋脉塞、自由电子激光、微波等离子体、太赫兹科学与技术等领域取得国际学术界公认的原创性或奠基性的成果，提出并建立了一系列理论体系，为国际特别是我国的电子科学技术的发展做出了卓越的贡献。著有《相对论电子学》《微波电子学导论》等被国内外公认为本领域经典的著作。荣获国家及省部级科技奖十多项，荣获“全国优秀教育工作者”“国家级有突出贡献的中青年专家”“全国劳动模范”称号，获得“全国五一劳动奖章”，荣获陈嘉庚信息科学奖、国际K. J. Button奖和国际红外毫米波太赫兹学会特别贡献奖。

3.1　幼年，在战乱中历经磨难

刘盛纲1933年12月26日出生于安徽肥东古老的店埠镇，老刘家世代以耕种为生，勤劳节俭，刘盛纲祖辈家境还算殷实。刘盛纲的父亲刘笠樵是老刘家的幼子，从小勤奋好学，是一位教师。母亲王世泽是读过几年家书的秀才之女，也是一位勤劳节俭、心灵手巧的能干女性。刘盛纲在家中排行老七，出生时母亲已经43岁，上面有四个哥哥、两个姐姐，刘盛纲比最大的姐姐小20多岁。

刘盛纲指导团队工作

刘盛纲从小体弱多病，父母和家中长辈对他甚为照顾，尤其是母亲，对小儿子特别疼爱。在刘盛纲刚学会说话时，略懂诗书的王世泽就在劳作之余，把他抱在怀里，教他识文认字。因此，当刘盛纲两岁多时，就能背诵《三字经》《千家诗》《百家姓》里面的少许词句了。从小的启蒙，让刘盛纲日后不仅在物理电子学方面造诣深厚，同时也对古典文学情有独钟。

日本侵略者自1931年“九一八”事变侵吞中国东北后，又于1937年发动了卢沟桥事变，展开全面侵略中国的大规模战争。1937年12月13日，日军攻陷南京，进行了惨绝人寰的南京大屠杀，江南之地，血流成河。

唇亡齿寒，与南京相邻的合肥，也危在旦夕。得知日军攻陷南京的消息时，四岁的刘盛纲正和最小的哥哥刘盛耀在院子里玩耍，这时原本在田地里干活的母亲气喘吁吁地跑回来：“快！南京沦陷了，日本人马上就打到安徽来了，我们得赶快逃！”

此时的刘笠樵尚在蚌埠的一所小学里教书，离家较远，听到日军即将打到合肥的消息后，他只好连夜和同事们向南逃去。王世泽简单收拾行李后，便牵着两个孩子一路小跑来到村口，此时宁静的小村庄早已一片惊慌。乡邻们背着大包小包，拖着一家老小，步履匆匆，纷纷往外走。王世泽一个女人要带着两个才几岁的孩子一路奔波本就十分困难，何况连往哪里逃都是问题。

在听从同村人的建议后，王世泽雇来一辆鸡公车，和乡亲们一起向南踏上了漫漫逃生路。为了能走得快些，她把两个儿子放在鸡公车上，一路推着走。时值冬天，天气寒冷，道路崎岖，王世泽体弱、孩子年幼，母子三人走得十分艰难。路过一条河的时候，鸡公车翻了，刘盛纲掉进冬天冰冷的河里，王世泽赶紧把他拉上来，重新放在鸡公车上继续往前逃。

眼看着母亲体力越来越不支，一路上，刘盛纲和哥哥都在人群里不停地寻找，希望能找到父亲，但一连好多天过去了，父亲仍然杳无音信。更糟糕的是，几天后，当刘盛纲母子三人逃到皖南时，唯一的代步工具鸡公车因长时间的“超负荷运转”而“罢工”了。无奈只有花钱坐上火车，继续逃。上天眷顾，在火车上，母子三人与刘笠樵意外重逢，让一家人有了些许安慰。

这是一次有千万人的民族大迁徙，一路上逃难的人们扶老携幼，不顾千里迢迢，跋山涉水，只为能逃到一个安全的地方。但哪里才是安全的呢？看着这两个幼小的儿子，刘笠樵夫妇相逢的喜悦瞬间被愁云遮盖。日寇入侵，田野荒芜，饥寒交迫，偌大的中国却没有一个安身立命之所。

从肥东到皖南，从皖南到江西，从江西到湖北，从湖北到湖南，刘笠樵夫妇把最终目的地定在了湘西小城——芷江。而此时，在国内强烈的抗战声浪的推动下，国民政府临时决议，由南京迁都重庆。而要守住重庆，素有“滇黔门户”“黔楚咽喉”之称的芷江对捍卫大西南后方具有重要的军事意义。

芷江是一座位于山区的古老小城，易守难攻。蒋介石政府出于军事战略的需要，调集两万民工在这里修建芷江机场，将其作为中美最秘密的战略航空基地。于是，许多逃难的民众将芷江视为安身立命之所，争先奔涌而去。抗战时期，湘西重镇芷江确实留下了浓墨重彩的一笔。

刘笠樵一家也对芷江这个暂时安全的地方充满了期望。1938年，一家人一路翻山越岭，长途跋涉，终于到达芷江。就这样，陌生的芷江在刘盛纲心里留下了深深的烙印，成为他一生难以忘怀的地方。

到达芷江后，刘笠樵有幸被聘到芷江沅郡中学当教员，一家四口人便在学校附近的一间简陋的小屋住下。安顿之后，王世泽赶紧给娘家人写了一封信报平安，哪知收到的回信却让她悲痛欲绝。原来在她走后不久，其母亲就被日本人杀害了……

抗战时期物价飞涨，刘笠樵一家四口一天只吃两顿，早上一大早起来吃上一碗饭，要一直等到下午五六点钟刘盛纲下课回家才吃第二顿。在临时住所附近有一所破旧的小学，不久，刘盛纲兄弟就被送到这所小学上学去了。

天有不测风云，这样“安静”的日子只过了四五年。那时，由于涌入芷江的难民越来越多，当地政府在柳树坪搭建了临时的草房作为难民营，于是刘笠樵一家只好搬到难民营去住了。难民营的墙很矮，成年人走在里面根本直不起腰。但在异乡有地方住，对刘家人来说已经非常满足了。

难民营里，因为没有吃的，常常有人用草根野菜充饥。一天早上，天还未亮，刘盛纲就听到隔壁有人在大声哭泣，父亲和母亲也各自坐在一张小凳上悄悄抹眼泪。原来，隔壁的女主人在得知自己再次怀孕后，怕拖累一家人，上吊自杀了。难民的生活总是悲苦，大人们的忧伤是刘盛纲童年难以忘怀的场景。

兵荒马乱的年代，刘笠樵长时间找不到工作，一家人在难民营的日子一天不如一天，有一年快过年的时候，家里穷得一粒米都没有。刘笠樵只得写信去叫刚刚大学毕业、在一所中学当教员的大儿子支援。但左等右等，就是不见钱寄到。想找人借点，但在这样的年代，家家都吃不饱，谁会有多余的钱呢。一家人只得上山采了些野菜准备应付着过年。幸好，大年三十的中午，刘盛纲大哥的钱终于寄到了。一家人才得以买回点米和菜，简单地过了一个年。

生活的苦难总是一桩接着一桩。刘盛纲七岁的时候，长期为一家人生活操劳的母亲积劳成疾，生病吐血，由于没有钱医治，只好在家中休养。那时，刘盛纲的四哥刘盛耀正好读小学三年级，为了不耽误他学习，照顾母亲的责任就落在了刚上小学一年级的刘盛纲身上。他为此休学一年多。这期间从没有做过饭的他，找来小板凳，站在上面学做饭。

一天，母亲把刘盛纲叫到床前，哭着说："小儿子，我太拖累你们了，但我不能死啊，你年纪太小了，我多想现在就把你带到15岁，我死去也就放心了！"母亲说罢泪流满面，泣不成声。刘盛纲也跟着失声痛哭，他恨不得自己能快快长大，用自己的双手养活父母。

生活困苦，但饱读诗书的刘笠樵并没有放弃孩子们的学业。他告诉孩子们："抗战终究会胜利，国家迟早会重建起来，而建设国家的重任就在你们身上。”特别是天资聪慧的小儿子刘盛纲，是刘笠樵的希望所在，从学校下课回来，刘笠樵总会教他读书习字。

1942年，国民政府在芷江创办国立二十中学，招收湘、黔、桂、粤各省保育院学生和流亡学生，管吃管住，刘盛纲就在此时登记进入该中学的小学部就读。那时的他虽然只上过两年的小学，但由于平时在家也常学习，加上父亲的教导，登记测试时，老师认为刘盛纲已经达到了高年级学生的水平，可以直接读四年级，于是刘盛纲小学只读了四年就毕业了。

虽说学校只有两位老师，但他们教学都很认真，一位负责语文、历史等课程，一位负责算术、自然等课程。学生来自不同的地方，口音也不一样，所以校内、班内都是“南腔北调”。

童年虽然辛酸，但穷人家的孩子也自有自的乐趣。读小学时，刘盛纲迷上了下象棋，棋艺很好，连父亲刘笠樵也常常下不过他。他还很喜欢玩蟋蟀，无论是捉蟋蟀还是斗蟋蟀，小伙伴们都比不上他，这让一度因家穷而自卑的刘盛纲有了些许自信。

芷江虽偏僻，但还是频繁遭到日本飞机的骚扰，人们开始在听警报、躲飞机的惶惶恐惧中度日。1944年，日寇南犯，长沙、湘潭、衡阳失守。1945年4

月，湘乡、新化相继失守，芷江震动。刘盛纲再次跟随大人们踏上了逃难之路。

那时，一些中学和大专院校内迁贵州，刘家人便跟着难民奔向贵州。一路上白天常有敌机轰炸，司机只得夜里行车，西南山路崎岖，躲在车顶的人，一不小心就有被甩下来的危险。刘家四口人，被分成两批。刘笠樵和四儿子刘盛耀在前面的车，王世泽和小儿子刘盛纲在后面的车。每当汽车剧烈摇晃时，王世泽总是把刘盛纲紧紧地搂在怀里，用她瘦骨嶙峋的身体为小儿子遮挡风寒。

原本就体弱多病的母亲，经受不住车顶凛冽的寒风，上吐下泻，几度晕眩。车到一个小县城短暂停留，刘盛纲赶紧把母亲扶到一户人家的墙根下，把随身的行李铺在地上，让母亲躺下休息。刘盛纲一夜没合眼，守在母亲面前，为她擦汗递水。在刘盛纲的精心照料下，第二天早上，王世泽又挣扎着醒了过来。看着眼前又黑又瘦的儿子，王世泽摸着他的头，心疼地说："我昨天晚上最担心的就是你啊，我要是不能走，你也不能走，上天有眼，我又挣扎回来了，我一定要活着，把你带到18岁，我才放心啊！"刘盛纲抢着说："妈妈，你不会死的，等我再大一点，能做事了，我就挣钱来养活你。"

由于大量的难民涌向贵阳，贵阳一时人满为患。找不到住处，刘家人就暂时住在一个废弃的牛奶厂里面。厂外长着一些奶牛吃的草，便成为刘家人的桌上肴。

3.2　立志，在歌乐山下

不久日军进攻贵州，遵义失守。刘家人在日军的轰炸声中随着难民逃到重庆。从合肥到芷江，从芷江到贵阳，从贵阳到重庆，一路上，刘盛纲目睹着祖国大地满目疮痍，哀鸿遍野……

到达重庆磁器口镇，天色已晚，天上又下起了小雨，一路上，一家四口分批搭乘过路货车，父亲和哥哥因此走散了。站在陌生的码头上，刘盛纲和母亲四处寻找父亲和哥哥的影子，可是怎么也找不到。母子俩饥寒交迫，又举目无亲，望着雨雾中的山城，刘盛纲倍感凄凉。

要入城，得先进行难民登记。登记时，为了锻炼刘盛纲的胆量，母亲便派十一岁的他去填写登记表。刘盛纲二话没说，径直走过去，工整地填上了一家人的名字。负责登记的人拿起来一看，摸着刘盛纲的头夸奖道：小伙子不错啊，写得一手好字，可以做事了。刘盛纲听了，非常高兴，想到能做事养活父母了，一时不由得忘却了饥寒。

登记进城后，刘盛纲母子只好去找老二刘盛钰的一位中学同学。这位同学当时在重庆歌乐山附近的一家银行任职。可是从磁器口到歌乐山还有几十里的山路，刘盛纲母子俩冒着大雨，深一脚浅一脚地沿着山路向歌乐山走去，一直走到深夜，才疲惫不堪地到达歌乐山。深夜，家家户户都入睡了，哪一家才是二哥同学的家呢？无奈之下，母子俩只好挨家挨户地去找，可是在街上来来回回找了好几次都没有找到。后来实在没办法，王世泽决定先就近找个简陋的旅馆住一晚上，第二天再接着找。

第二天，刘盛纲母子俩又费尽周折，才终于找到了二哥同学的住所。这位同学已经成家，有一个两房的居所。他母亲前两年也从合肥来和他一起住。刘盛纲母子俩去后，就和那位老母亲挤住在一间房里。国难中他乡遇故人，老人待刘盛纲母子格外亲热。晚上闲暇时，老人常和刘盛纲的母亲聊述往事，说到生活的辛酸，两位老人泪如雨下，躺在旁边的刘盛纲见状也跟着哭。幼小的他意识到，当一个民族受到欺辱，处在内忧外患水深火热之中时，一个民族的灾难就是全体人民的灾难，没有哪个家庭和个人能够幸免。只有国家强大了，每个家庭的生活才能安居乐业。从此，维护民族尊严、振兴国家的思想便在刘盛纲的心里生根发芽。儿时的苦难经历影响着刘盛纲的一生，让他无论走到哪里，都始终有一种不能释怀的民族情结。

刘盛纲和母亲在歌乐山住了好几个月。国家何时才能取得抗日战争的胜利呢？如何才能实现报国梦呢？每天站在没有围墙的土屋廊上，看着远处山下的嘉陵江缓缓地东流，年少的刘盛纲陷入了深思。已经小学毕业的他，渴望着有一天能走进中学的课堂。

不久，父亲和四哥刘盛耀也辗转来到重庆。父亲找工作处处碰壁，后来在教育部战区教育室当了一名小职员，工资相当微薄，艰难地维持一家四口的生活。淞沪抗战爆发后，日军空袭南京，南京的中央大学遭日机轰炸，损失惨重，中央大学及中央大学附中等西迁重庆。1945年3月，位于青木关的中央大学附中（简称“中大附中”）招生。11岁的刘盛纲以优异成绩考取中大附中。发榜那天，他和父亲挤在人群中，仰望榜单，见榜上有名，高兴地跳了起来。

对于刘笠樵夫妇来说，这确实是个好消息。这一方面说明儿子聪慧，另一方面中大附中设在青木关，学校管吃管住，其他费用也全免，在一定程度上减轻了家里的负担。从此，刘家人结束了在二哥同学家的寄宿生活，在青木关找了一间房子住了下来。

中大附中管理严格，训导主任每晚查房，清晨要求学生起来晨读，遇到睡懒觉的学生，就拿着戒尺训诫。在这里，刘盛纲非常勤奋。中大附中有一个小小的图书室，刘盛纲是那里的常客。每天除了上课的时间，刘盛纲都泡在图书室里，探寻知识的奥妙。

中大附中将林语堂的《开明英文读本》《开明英文文法》《英文文学读本》等一系列英文教科书作为学生的教材，刘盛纲就是在那时起打下了较好的英文基础。那时，学校常常有中央大学的学生来实习，他们常常带来一些抗日救亡的思想，“拯救中华”就这样在一群少年的心中扎根。

在中大附中上学期间，刘盛纲印象最深的是一位50多岁的历史课教师。她戴着眼镜，头发花白，但声音洪亮，讲起近代史来激情愤慨。中法战争，法军不战而胜，签订《中法新约》；中日甲午战争，签订不平等的《马关条约》……讲着讲着，老师就泪流满面，台下的学生们跟着伤心地哭泣。要想家安稳，先得国安稳。国家不强大就会沦为殖民地。个人和民族的哲学命题成了少年刘盛纲常常思考的问题。从那时起，刘盛纲便立志要投身科学事业，拯救祖国。

1945年8月15日，日本宣布无条件投降，中国人民取得了抗日战争的伟大胜利。洽降地点就设在刘盛纲一家四口曾经避难的芷江。

消息传到重庆时，全市顿时沸腾起来，成千上万的市民潮水般涌向街头，整个重庆市区人头攒动，汽笛声、欢呼声、狂吼声、歌唱声响成一片。刘盛纲和班上的同学们也拥抱在一起，一边流泪一边欢呼，庆祝这一具有重要历史意义的时刻。

3.3 民族自尊在他心底生根

刚刚从漫长的抗日战争中走出来的中国又卷入到解放战争的洪流中。由于连年不断的战乱，刘盛纲跟随父母一起过了8年的流浪生活，民族的自尊深深地埋在了他幼小的心灵。

1946年6月，国民政府迁回南京，中大附中也迁至南京，刘笠樵一家便跟随国民政府的大船由重庆到了南京。到南京后，刘笠樵在国民政府教育部原单位工作，刘盛纲仍然在中大附中读书。1948年，刘笠樵被解聘，一家人只得回到合肥，此时的刘盛纲进入了合肥高中初中部就读。1949年1月，淮海战役告捷，国民党刘汝明部队南逃并沿途抓丁，刘笠樵只好带着两个小儿子从合肥到上海投奔在交通大学读书的三儿子刘盛昶。由于没有经济来源，在上海住了20多天后，父子三人又回到南京，前往宣城投奔在宣城九华临时中学教书的二儿子刘盛铦。

1949年4月，宣城解放，刘盛纲一家才得以回到家乡。回乡后，刘盛纲即考入了合肥高中。结束流亡生活，再次走进校园后，刘盛纲非常珍惜来之不易的读书机会。高中三年，他学习成绩一直名列前茅，并担任班上的学习小组长。当然，他的优异成绩固然有其天赋聪慧的因素，但更重要的是他善于学习，勤于钻研。为了探索好的学习方法，掌握学习本领，他投入了比别人多得多的时间。同时他喜欢总结，在成绩面前总结经验，在挫折面前总结教训，然后通过自己的思考融会贯通，最后变成适合自己的学习方法。

高中时，刘盛纲特别喜欢读书，普希金、高尔基、托尔斯泰、罗曼·罗兰、马克思、恩格斯等人的著作他都喜欢，并且还自学了著名物理学家严济慈的《大学物理》。此外，刘盛纲也喜欢写诗和拉二胡。高中毕业时，刘盛纲还在毕业典礼上用自制的二胡为同学们演奏了一曲《平湖秋月》。

新中国成立后，刘盛纲在和平环境里，进入学校学习，饱尝了战争之苦的他十分珍惜学习机会，学习非常刻苦，成绩一直名列前茅。1951年，他以优异的成绩考入浙江大学电机系。1952年，他在学生中第一批加入中国共青团。1953年，院系调整为南京工学院（现东南大学）无线电系。1954年，他在学生中第一批加入中国共产党。1955年，他以品学兼优的成绩毕业于院系调整后的南京工学院，留校任教。

3.4 一位杰出的学者脱颖而出

刘盛纲是由我国培养出来的杰出的国际著名物理电子学家。1955年，刘盛纲毕业留校担任助教。1956年，苏联专家伊·弗·列别捷夫（I. V. Lebedev）教授援华，刘盛纲被选作伊·弗·列别捷夫教授的专业翻译兼研究生，列别捷夫是苏联著名物理学家，对于毫无俄语基础的刘盛纲来说，首先要克服的就是语言关。

接到任务后，学校安排刘盛纲到俄语教研室脱产学习，但教研室主任每周只能给他答疑一次，其余时间只能靠一本一寸多厚的教材自学。正常情况下，学完教材需要两年时间，但对于刘盛纲而言，则需要在几个月的时间内掌握俄语。谈到为什么能这么快学好俄语，刘盛纲坦言："没什么诀窍，就是天天背。最难的是发音，有一个音老是发不出来，请教别人后，用水含在嘴里天天练，才成功。"1956年刘盛纲随导师列别捷夫教授来到成都，参与创办成都电讯工程学院（现电子科技大学）。

刘盛纲一方面从事翻译，另一方面抓紧基础理论的学习，开展科学研究，撰写学术论文，他的研究生毕业论文，由中外专家组成的答辩委员会给出的评语是：已相当于苏联副博士水平。一段学术际遇让刘盛纲逐步开始在等离子体物理学这一领域崭露头角。他撰写的《谐振腔品质因数测量的新方法》论文，提出了一种新的谐振腔品质因数测量的方法。这种方法简单，速度快、精度高。该论文在《成电学报》1958年第1期发表。1959年他写出的《静电旋行聚束系统中电子运动的分析》论文，由于物理概念清晰，分析方法严谨，被《物理学报》在首篇刊用，引起了国内有关专家的关注。

一位品学兼优的学者由此脱颖而出，他的成就与名字，一并载入新中国成立十周年时我国出版的《中国物理学十年》一书，他的研究成果在国防科研事业等领域有了广泛的应用。

1959年，时任国家主席刘少奇到成都视察，在成都市劳动人民文化宫，特地接见了刘盛纲等人。1960年3月，时任国务院副总理的聂荣臻来到成都电讯工程学院（现电子科技大学）视察，参观学校科研成就展览，刘盛纲作为高校青年科技工作者代表受到接见。“文化大革命”后，聂荣臻了解到刘盛纲即使在最艰难的时期仍一刻不停地刻苦学习和钻研，便安排划拨专款支持他的研究，这也就成就了当时的成都电讯工程学院高能电子学研究所，也成为刘盛纲在微波毫米波以及后来的太赫兹领域的诸多成就的发展起点。

1980年，刘盛纲当选中国科学院学部委员（现称为院士），成为当时最年轻的学部委员之一，这一年，整个四川仅有2人当选。1999年，他获得陈嘉庚信息科学奖。2003年，他获得国际K. J. Button奖（毫米波-红外线领域的国际最高奖项），成为我国首位获此殊荣的科学家。2016年9月27日，国际红外毫米波太赫兹学会将该领域的最高奖——特别贡献奖授予了刘盛纲教授，以表彰其在本领域的杰出成就。2000年和2001年，他成为诺贝尔奖物理奖提名人，被誉为“中国太赫兹之父”。

面对一堆荣誉与赞美，常会有人问刘盛纲对自身价值和追求的看法，他的回答是：“为科学研究，我愿鞠躬尽瘁，死而后已。”

3.5 奋力探索，勇于创新，科技高峰的不倦攀登者

刘盛纲长期致力于物理电子学前沿的研究工作，潜心研究，努力探索，不断创新，在微波电子学、电子回旋脉塞、相对论电子学、自由电子激光、准光学谐振腔、相对论等离子体电子学、太赫兹科学技术等紧密联系又相对独立的领域做出了一系列原创性（Pioneer）概念，建立了有关理论，并带领团队进行实验研究工作，取得了大量开创性成就，为国际特别是我国电子科学技术的发展做出了卓越的贡献，起到了重大的推动作用。

刘盛纲发表学术论文300余篇，被国内外同行引用超过千次。20多次荣获全国和部、省级科技成果奖。出版有：《微波电子学导论》（1100千字，国防工业出版社，1985年版），1987年获电子工业部优秀教材特等奖及国家教委高等学校优秀教材一等奖；《电子回旋脉塞及回旋管的进展》（310千字，四川教育出版社，1986年版）；《相对论电子学》（800千字，科学出版社，1987年版），获全国优秀科技图书一等

奖；《刘盛纲学术论文集》（四川科技出版社，1993年版）。其中《相对论电子学》及《微波电子学导论》被公认为本领域的经典著作，被国外专家推荐到国外出版。

刘盛纲院士主要科学贡献包括：

第一，在电子回旋脉塞（ECRM）研究方面，他在国际上首先提出以电子回旋中心坐标系为基础的电子回旋脉塞的动力学理论以及考虑空间电荷效应和高次谐波的电子回旋脉塞的普遍的动力学理论。他提出了静电电子回旋脉塞的新概念，建立了静电电子回旋脉塞的动力学理论、流体力学扰动理论、单粒子理论，发现了一种新的不稳定性机理，并进行了实验验证。他还在国际上首次建立了准光学谐振腔电子回旋脉塞的普遍动力学理论，并发展了回旋管、回旋潘尼管等的严格的耦合模理论。他建立的电子注与谐振腔不共轴情况下的电子回旋脉塞的动力学理论，为国际上回旋管的实验研究奠定了更准确的理论基础。他研制出我国第一个电子回旋脉塞，为我国该领域的发展和应用奠定了基础。他创建的实验室工作在本领域一直处于国内领先地位，并在国际上有较大的影响。

第二，在相对论电子学研究方面，他建立了相对论空间电荷波的耦合波方程、等效电路方程，发展了相对论空间电荷波的系统理论，给出了相对论空间电荷波等效阻抗的定义，这一系统理论可应用于各种相对论电子器件中。他进行的双电子束与等离子体相互作用的相对性理论研究，具有广阔的发展前景。

第三，在自由电子激光（FEL）研究方面，他在国际上首先提出了自由电子激光的空间电荷波理论，揭示出FEL中电子与波相互作用的物理本质，发现在FEL中存在快、慢空间电荷波及同步波，在FEL中纵向电流远大于横向电流；指出在目前FEL中仅利用了幅度较小的横向电流，而忽略了幅度较大的纵向电流，损失了大部分能量，提出了如何利用纵向电流。他发现在FEL中普遍存在“相对论去群聚”效应，在某种特殊情况下，此种效应可导致FEL完全不能工作。他还提出了静电自由电子激光的新概念，建立了静电自由电子激光的动力学理论、流体理论和单粒子模型理论，并进行了较详细的数值计算。

第四，在准光学谐振腔研究方面，他提出了准光学谐振腔的新概念，建立了一类旋转对称三反射镜准光学谐振腔系统和该种准光腔的严格理论，并发展了上述新型准光腔的应用：①特殊准光腔的功率合成器，进行了理论研究和实验验证；②发展了特殊准光腔自由电子激光（FEL）放大器的能量注入器，并已成功地应用于中国工程物理研究院的FEL放大器实验中。

第五，在微波电子学研究方面，他提出了一种复合型静电强流电子注聚焦系统，并进行了详细的理论分析。他发展了静电离心聚焦系统的系统性理论，给出了系统的稳定性理论，导出了任意正交柱面坐标系中静电电子运动的轨道方程，解决了偏心情况下静电离心聚焦系统的理论。他建立的强流电子空间电荷流的轨道理论，为各种空间电荷流（特别是静电空间电荷流）建立了普遍理论。他提出了圈场概念，并在此基础上建立了环圈慢波结构的严格的场理论，为该种新型慢波结构的理论计算和设计奠定了基础。

第六，在相对论等离子体电子学（RMPE）研究方面，他建立了磁化等离子体波导中（包括均匀波导和周期性结构）电磁波传播的严格理论，为RMPE的理论研究打下了基础。他发现了一种新的波型，解决了磁化等离子体波导中色散曲线不连续的难题。他建立了磁化等离子体波导中电子与波相互作用的基本理论，公认为是RMPE的奠基性工作。他利用Minkovskii空间中电磁张量及电介质张量的变换关系，建立了运动等离子体波导中电磁波传播严格理论，即运动等离子体（电子注）波导中电磁波传播的

1980年，刘盛纲与物理学家朱国瑞合影

20世纪70年代，做课题研究的刘盛纲

刘盛纲和老师们在一起

理论。他在RMPE领域的研究工作已形成一个较完整的理论体系。

第七，在同轴双电子注回旋管研究方面，他提出同轴双电子注回旋管的概念，并进行了深入研究，申请了中国和美国专利。该专利有可能解决20多年来国际磁约束热核聚变研究中加热所需连续波超大功率太赫兹源这一一直未能解决的重大问题，被国际学术界公认为是原创性或奠基性成就。

关于太赫兹科学技术成就，将在后文做专门介绍。

3.6 身处逆境，不坠青云志

刘盛纲的人生道路并不是一帆风顺的。在旧社会，他历经饥寒，饱受战乱磨难。在“文化大革命”中，他再次遭到劫难，成了被反复批斗的对象，他的家被抄了，研究资料也失散了……

在这些个人和家庭都饱受凌辱和摧残的日子里，刘盛纲始终没有放弃对学术的追求，没有放弃对未来的信心。白天批斗、游行之后，他会拿起写检查的笔和纸，继续研究他所热爱的物理学。在最开始的一些夜晚，受批斗回来拖着疲惫的身子，坐在昏暗的灯光下，进行艰难的公式推导时，他不禁会想：我们的国家是怎么了，为什么不让我们搞科学研究呢？每逢这时，他又会理性地告诫自己，要挺住，为了祖国，为了事业，要挺住自己的脊梁，科研不能中断，更不能放弃。如此，他就会增强信心，继续拿起笔攻克难题，房顶上那微弱的灯光似乎也变得明亮了起来。

1971年6月1日，刘盛纲被送到远离成都300多公里的米易县山区的“五七干校”进行“劳动再改造”。先被叫去种田，不久又被叫去放牛。在慢慢学会赶牛放牛后，刘盛纲就试着带了一些书上山，牛群在身边安静地吃草，他在一旁认真地看书，这样的时光是他在“五七干校”里最惬意的时光。在刘盛纲看来，世界上最可珍贵的便是时间，因为时间对于每个人来说都非常有限。为了有效地利用时间，他将造反派发给他写检查的纸节省下来，放在裤兜里，在山上放牛时，想到物理问题，便拿出来在上面演算和推导。每每这时，刘盛纲就觉得那些数字和公式在对他说话，它们与他的感情是那样深厚，因为他最孤独的时候，是它们赶来与他相伴相随，他认为这些最可贵的数字总是那样自然而然地融入他的生命里，使他常常不自觉地被吸引，甚至有时会达到忘我的境界。

在干校里，学员们唯一的娱乐是到附近四川省委的干校里看电影，但看一次来回要走二十多里的山路，回来晚了还得挨骂。刘盛纲没有去看过电影，不看书的时候他喜欢给老乡们朗诵几段古典诗词或古文。《春江花月夜》《滕王阁序》都是他所喜欢的。“老当益壮，宁移白首之心。穷且益坚，不坠青云之志。”“孟尝高洁，空余报国之情；阮籍猖狂，岂效穷途之哭。”年轻的科技工作者虽然身处逆境，却决不沉沦。从小就历经磨难的刘盛纲明白，只有历经艰难困苦，才能懂得生命的真谛，才能凸显自己的坚强和自尊，他始终相信阴霾笼罩的日子终将过去，科学的价值定会得到正确的认识。

就这样，刘盛纲在“五七干校”一待就是一年多，直到“九一三事件”爆发，林彪集团策动武装政变的阴谋失败后，“五七干校”降温，刘盛纲才得以重新回到学校工作。

一天，刘盛纲偶然在苏联科学院出版的图书《无线电工学和电子学》中看到一篇验证论文，仔细一瞧，恰是验证他1965年发表的《一类新型复合式静电聚焦系统的分析》。他看到自己的论文引起了外国学者的关注，心里是多么激动啊！刘盛纲要把劳动之余的时间利用起来搞研究的决心便更坚定了。

恰在这时，四机部两位同志来到学院，请刘盛纲到北京去开会，部里要他主持编写一套《微波电子管设计手册》，他又一次大显身手的时机来到。于是，他振作精神，走南闯北，呕心沥血，历经数年之长，组织编写了中国自己的《微波电子管设计手册》，共18分册，近7000千字，全面地总结了微波电子管的工程设计方法及有关的重要理论，对我国微波电子管的研究、试制和生产起到重大推动作用。

3.7 探秘“环圈”，穷追不舍

1974年，刘盛纲从一本进口的杂志上看到美国科学家已用实验的方法造出了第一代环圈结构行波管，将其用在雷达上有较高的效能。

“环圈结构”是20世纪70年代初出现的一种新型慢波系统，它对提高环形管性能有重大作用。美国科学家虽然造出了第一代环圈结构行波管，但未见发表理论分析。刘盛纲决心探讨这一理论，为我国设计制造此种结构的器件做出贡献。

这时，尽管“四人帮”横行，许多人都无心上班，但刘盛纲却天天照常往图书馆、实验室跑。学院图书馆也关门闹“革命”，他只好跑省图书馆、市图书馆、机关单位图书馆。他夜以继日地做实验、写论文。由于熬夜太多，过度劳累，一次洗澡时，竟昏倒在浴室里，致使左肩骨折、脱臼。可他躺在病床上仍翻阅资料，演算方程，思考“环圈结构”的变化问题。

经过两年多的辛勤努力，他终于揭开“环圈结构”的秘密。1977年春，《中国科学》中文版第四期、外文版第五期先后发表了刘盛纲的《环圈结构理论》论文。由于刘盛纲在这篇论文中第一次创造性地解决了关于环圈结构的若干理论问题，为设计、制造大功率环圈结构行波管提供了科学依据和计算方法，立即在国际电子学界引起了强烈反响。美国、日本、西德、法国、匈牙利等许多国家的电子学家，纷纷来信向他索取资料，并要求同他建立联系。国内有关专家对此也给予很高评价。该论文于1978年获全国科学大会奖，于1979年获四川省重大科技成果奖。

由于刘盛纲出色的科学研究能力，他被推选为中国电子学会第二届常务理事、中国电真空学会第二届副主任等。

他的“环圈结构理论”研究工作告一段落不久，一门新兴边缘学科——相对论电子学吸引了他。这一学科，对于研究能源、雷达、电子对抗、生物工程等有着很大的潜在价值，它涉及的基础理论相当庞大，描述的物理现象非常复杂。没有物理数学方面的深厚基础，没有一支强大的科技梯队，没有一个设备先进、技术力量雄厚的实验基地，要攻下它，是不可能的。

他对这一新兴边缘学科穷追不舍。他的社会活动与学术活动较多，花费了不少时间。为了珍惜分分秒秒，他连电视也很少问津；乘车坐船，会议间隙也抓紧翻阅资料，演算数学公式。他的日历上，几乎没

刘盛纲参加学术交流活动

刘盛纲生活照

刘盛纲参加电子科技大学电子学院教工物理电子系党支部活动

有节日和星期天。生活上一切从俭，常常是午餐一碗面，晚餐面一碗。

组织上多次安排他到北戴河等地疗养，他都婉言谢绝。1984年夏天，成都市总工会组织本市教育系统一批劳动模范到峨眉山度假，他推却不过，提着胀鼓鼓的旅行袋去了。谁知，他那袋子里装的尽是图书和资料。巍巍峨山，雄秀天下、好不诱人，别人在这天下名山的奇峰幽谷间饱览秀色、尽兴游玩，可他只用了三小时匆匆游览了一下清音阁，就开始了写作。7天时间里，他写了8万余字的论文。在十个春秋里，刘盛纲带领他的课题组和学生先后写出了50多篇论文并在国内外有关学术刊物上发表。

3.8 独树一帜，不懈追求，为经济建设服务

经过近十个春秋的艰辛努力，刘盛纲在电子回旋脉塞的理论方面已形成了自己的理论体系。他提出和发展了以回旋中心坐标系中场的局部展开及逐次逼近法为特点的理论；在国际上首次导出了任意波导模式，以及任意回旋谐波情况下的脉塞色散方程；成功地解决了电子回旋脉塞及回旋管中一系列重要课题。成都电讯工程学院高能电子学研究所利用他的理论体系，完成了国家重点项目15GHz回旋管的研制、鉴定及应用，75GHz回旋管的研制，短毫米波电子回旋脉塞的探索，研制成功了特殊准光腔回旋管、准光腔回旋管。

一位学部委员评价说：刘盛纲发表的一系列关于“电子回旋脉塞及回旋管的线性理论体系”，独特完整，自成一家，是国际上首次推出的重要成果，达到国际上的一流水平。另一位同行教授评价说：“刘盛纲的电子回旋脉塞及回旋管的线性理论体系，不仅在国内独树一帜，而且已被国外科学工作者公认和引

用，因此这一工作显然在国内外属首创，并处于领先地位，在学术上有重大价值。”

刘盛纲及其助手们在电子回旋脉塞及回旋管的线性理论体系研究中，撰写了30篇论文，分别在《中国科学》《电子学报》等国内外刊物和会议上发表。这一理论体系中的成果，先后8次获得部级、省级重大科技成果奖。刘盛纲的“电子回旋脉塞线性理论体系”基础研究成果，于1987年获国家自然科学奖三等奖。

由于刘盛纲在学术上的贡献，他获得了第14届国际马可尼奖金的提名。国际马可尼奖金，在电子学与通信领域内有极高声誉，规定国际上有四名以上著名学者的推荐才能提名。刘盛纲因此于1986年应邀到联邦德国汉堡工业大学、布伦瑞克工业大学及核物理研究中心去讲学。

1980年，他又不失时机地开展了新型特殊准光学谐振腔及其应用研究，设计制作了8毫米波段的三反射镜准光学谐振腔及其耦合输出装置，发展了测量毫米波波段谐振腔Q值的准光学方法等。

他提出多反射镜准光腔回旋脉塞和斜旋转准光腔回旋管，并进行了详细的理论分析，为发展毫米波、亚毫米波提供了一条有效途径。在1984年瑞士洛桑召开的第二届国际回旋管专题讨论会和日本召开的第九届国际红外与毫米波会议上，与会专家称该项工作为“开创性工作”。

1985年，刘盛纲又提出了三反射镜准光学功率合成器的概念。在他的指导下，来华留学的联邦德国研究生K. J. 格瑞姆普参加了8毫米两路功率合成的实验研究，之后又陆续进行理论分析和8毫米两路及三路功率合成与分配实验。研究结果表明：三反射镜准光学合成器具有良好的模式分割能力、很高的合成多个毫米波波源的能力等。

一位学部委员评价说：“新型特殊准光学谐振腔是一项创新的工作，经过实验验证，具有多方面的实际应用价值。因此是一项水平较高的研究成果。”又一位学部委员评价说：“有广泛的潜在应用价值，此研究是前沿开创工作，代表着国际先进水平。”新型特殊准光学谐振腔及其应用，于1987年获得国家教委自然科学一等奖。

为了解决20世纪以后的能源问题，从50年代起，各国科学家都把尽快获得新能源作为工作方向，受控热核聚变就是大家共同追求的目标。

回旋管是应用于受控热核聚变等离子体加热的一项关键性的电子器件，许多国家的科学家都对它进行过种种试验和探索。70年代中期，苏联科学家最先造出大功率回旋管。在我国，随着科学春天的到来，1977年也正式把发展高能物理作为科技发展的8个重点项目之一。国家科委和电子工业部把研究设计和制造回旋管的任务交给了刘盛纲和他创建领导的高能电子学研究所。

刘盛纲及高能电子学研究所的科技工作者接受此任务后，为自己的科学研究能促进经济、为经济建设服务而高兴。为了抢时间尽快赶超国际先进水平，他们一边学习基础理论、翻译文献资料，一边研究设计、论证推导。当时资料缺乏，设备简陋，工作条件差。优化模式参数的计算，在国外使用电子计算机，几秒钟结果就出来了，而他们却需计算10多个小时，尽管如此，大家仍不气馁。他们经过无数次的试验，克服了各种难以想象的困难，终于攻克了道道技术难关，研制成功了我国第一支2厘米大功率回旋管，填补了我国高能电子领域的空白。1983年6月，这项成果顺利通过了国家鉴定。他们研制的2厘米回旋管和4.6毫米回旋管都先后成功地用于“中国环流器一号”装置上。

1984年7月，国际等离子体物理学会在瑞士洛桑召开回旋管特别讨论会，刘盛纲应邀出席。会上，他以“中华人民共和国回旋管的发展”为总题目，连续宣读了他和他的助手们撰写的4篇论文。他的《关于建立回旋管机理动力学理论》，他所提出的特殊准光腔回旋脉塞，他的关于毫米波、亚毫米波电子器件的研制等的论文，被作为现代电子学基础理论的最新成果，全部发表在著名的《国际电子学》杂志上。

在刘盛纲的指导下，成功地研制出我国第一个4毫米绕射辐射振荡器，填补了我国毫米波、亚毫米波技术的一项空白，为开发我国的毫米波及亚毫米波源的研制工作开拓了一条新路子。它被广泛应用于可控热核聚变的等离子体诊断技术，高频率稳定度的微波测量，放射光谱仪，通信雷达及材料科学研究等。1988年1月，该振荡器通过了电子工业部部级鉴定，使我国成为继苏联之后世界上第二个成功研制实用器件的国家。

3.9 “国际太赫兹先驱”“中国太赫兹之父”

太赫兹（Tera Hertz，THz）波是指频率在0.1～10THz（$1THz=1\times10^{12}Hz$，或波长为30μm～3mm）范围内的电磁波。在长波方向，它与

毫米波有重叠；在短波方向，它与红外线有重叠。正是由于在电磁波谱中的特殊位置，太赫兹波具有一系列特殊的性质，在频域上，太赫兹处于宏观经典理论向微观量子理论的过渡，处于电子学向光子学的过渡。它的量子能量很低，信噪比很高，频率极宽，它覆盖了各种包括凝聚态物质和生物大分子在内的转动和集体振动频率。因此，太赫兹在学术上有重要的学术价值。

很多年前，在红外天文学上人们曾提到太赫兹，但由于缺少探测器和发射源等，相比于微波、可见光、红外等的广泛应用，太赫兹科学技术的发展却比较滞后，在科研和民用方面很少有人触及。经过几十年来的研究，国际科技界公认，太赫兹科学技术是一个非常重要的交叉前沿领域，是一个待开发的新的电磁波频段，在科学技术上及工业上有很多诱人的应用。例如，信息科学方面的高空间和时间分辨率成像信号处理，大容量数据传输；材料科学，分层成像技术，生物成像；等离子体聚变的诊断；天文学及环境科学，等等。另外，太赫兹被认为是下一代信息产业的基础，同时在国防建设领域也有着极其重要的应用前景。

1990年，刘盛纲应邀到德国汉堡-哈尔堡大学、慕尼黑工业大学访问。在汉堡-哈尔堡大学访问期间，该校正在讨论关于开展太赫兹的研究工作，这引起了刘盛纲的注意。此后，他又应邀参加了在欧洲举办的第一届太赫兹国际会议的筹备会。在此次会议上，国外科学家们对太赫兹研究的高度热情和关注，让刘盛纲对发展太赫兹科学技术的重要性有了更深刻的认识。

归国后，在1990年的中国科学院院士大会上，刘盛纲便提出了在我国开展太赫兹研究的必要性和紧迫性，但那时还沉浸在对微波毫米波与红外光学研究的热情中的国内学者们，并没有对二者之间的“空白”地带给予足够的重视。

刘盛纲并没有失去信心，不重视不代表不重要，讲一次不行就讲两次，讲两次不行就讲三次……每每参加一些重要的学术会议，刘盛纲总是会不遗余力地向大家介绍太赫兹技术的重要战略意义；每次到国内院校和科研院所讲学，“太赫兹”总是刘盛纲必讲的内容；只要有学术界的朋友来学校交流，刘盛纲总会带他们去看自己正在开展的太赫兹研究。就是凭着这样一股锲而不舍的精神，国内学术界对太赫兹技术开始有了初步的认知，但由于相关配套经费的缺乏，对它的探索也仅限于理论研究领域。

而此时在国际学术界，太赫兹已成为世界各国竞相抢占的学术制高点。在美国包括常春藤联盟在内的数十所大学都在从事太赫兹的研究工作，特别是美国重要的国家实验室，如劳伦斯利弗莫尔国家实验室（LLNL）、劳伦斯伯克利国家实验室（LBNL）、斯坦福直线加速中心（SLAC）等，都在开展太赫兹科学技术的研究工作。美国国家科学基金（NSF）、国家航天局（NASA）等从20世纪90年代中期开始就对太赫兹科技研究进行了大规模的投入。2004年，美国政府将太赫兹科技评为“改变未来世界的十大技术”之四。此外，在英国的卢瑟福国家实验室和剑桥大学、利兹大学等十余所大学，在德国的KFZ、BESSY、Karlsruhe及若干所大学，都在积极地开展太赫兹领域的研究工作。欧洲国家还利用欧盟的资金组织了跨国家的多学科参加的大型合作研究项目。在亚洲的一些国家和地区，如韩国、新加坡、中国台湾等也都积极地在开展太赫兹研究，并发表了不少有分量的学术论文。

看着国际学术界对太赫兹的高度重视和大力发展，刘盛纲常常担忧得睡不好觉。他多次写信给相关部门，希望加大对国内太赫兹研究的支持和投入。

2005年春，为国内太赫兹发展忧心的刘盛纲终于等来了机会。这一年，日本宣布将太赫兹技术列为“国家支柱十大重点战略目标”之首，举全国之力进行研发。这一消息经国内媒体报道后，迅速引起了国内学术界和国家部委的高度重视。

几天后，科技部和中国科学院的有关领导把刘盛纲叫了去，叫他尽快组织香山科学会议，探讨太赫兹科学技术的研究前沿和发展前景。

终于盼到这一天了，刘盛纲激动难掩。香山科学会议是得到科技部、自然科学基金委、中国科学院、中国工程院、教育部等部门的支持，以探索科学前沿、促进知识创新为主要目标的高层次、跨学科、小规模的学术会议。召开这样的会议，预示着太赫兹研究被提上了国家日程。

回到学校后，刘盛纲立即把鄢扬、祝大军等学生叫到了家里，告诉了他们科技部和中国科学院领导的想法。“国家要开始大力支持太赫兹研究了，我们得加快我们的研究速度。”说完，刘盛纲给了学生们一大堆资料，叫他们一边协助他筹备香山科学会议，一边加快太赫兹前沿研究。

2005年11月22—24日，受科技部、中国科学院、国家自然科学基金委员会的共同委托，刘盛纲作为会议执行主席主持召开了以“太赫兹科学技术的新发展”为主题的第270次香山科学会议。来自科研院所、高等院校等相关领域的44名专家学者齐聚北京香山饭店，交流国内外太赫兹科学技术的研究现状和发展趋势，探讨我国太赫兹科学技术研究的重大科学问题和拟解决的关键技术。同时，会议还特别邀请了科技部、教育部、中国科学院、中国工程院，以及国家自然科学基金委员会等单位领导在内的48位代表参加。

香山科学会议是我国太赫兹研究发展的一个里程碑，标志着我国太赫兹科学技术开始迅速发展起来。在刘盛纲及多位院士的倡导下，包括电子科技大学在内的国内多所大学和科研院所纷纷筹建其太赫兹研究中心（室），促成了国内对太赫兹的研究走向纵深。

刘盛纲被称为“国际太赫兹先驱”“中国太赫兹之父”。从1990年开始关注太赫兹，到2005年作为会议执行主席召开以“太赫兹科学技术的新发展”为主题的第270次香山科学会议，从2007年促成太赫兹重要辐射源相关“973”项目立项，到2011年电子科技大学第一个上亿元、由该校李少谦教授主持的“863计划”主题项目“毫米波与太赫兹无限通信技术开发”正式启动，刘盛纲奔走呼吁30多年，艰难推动我国太赫兹研究向纵深发展。

太赫兹波是一种处于特殊频率范围的波段，可以用在宽带移动通信、高分辨、反隐身雷达、反恐检测、无损工业检测、食品安全检测、医疗和生物成像等众多领域，甚至有可能借此解开人体内DNA转化的生命密码。

国际通信联盟已经指定下一代地面无线通信的频段为0.12~0.22THz，太赫兹技术将成为6G或7G通信的基础，人类将全面进入太赫兹通信时代。

年近九秩的刘盛纲院士坚定地说："对于太赫兹的研究，希望国家给予更多的重视和支持，我们会做得更好，使我国在本领域取得更多的创新性成果和实际的应用。"

3.10 与钱学森的学术交流和科学友谊

《礼记》中说："独学而无友，则孤陋而寡闻。"科学之路上，纯真的友谊是连接科学家心灵的纽带，是鼓励科学家发奋向上的精神支柱。在刘盛纲的科学之路上，钱学森等国内著名的学术大师给予了他无私的鼓励和支持，他们相知相交，结下了一段段深厚的友谊。

20世纪80年代，作为中国科学院院士，刘盛纲每次参加中国科学院的院士大会，几乎都能见到担任中国科学院学部主席团成员的钱学森院士。但由于会议议程繁多，每次见面，刘盛纲都没有机会与钱老多谈。

1982年的一天，刘盛纲突然收到一封来自北京的信。他打开信一看，正是钱学森先生写来的。信中，钱老问道："听说自由电子激光只能用经典理论研究，不能用量子理论研究，是否如此？"原来钱老是找刘盛纲探讨学术来了！一位为国家做出了巨大贡献的科学家，竟然如此虚怀若谷、不耻下问，让刘盛纲感动不已。那时，自由电子激光刚刚问世不久，以其独有的性能和前景，受到国际科技界的关注，因此正成为国际上的热门研究方向。刘盛纲敏锐地看到这一研究热点，当时正带领学生们进行这方面的探索。

"自由电子激光在波长较长的时候可以用经典理论研究，在波长很短的时候要用量子理论来研究。"读完信后，刘盛纲赶紧给钱老回信，并分别把用两种理论研究自由电子激光的相关论文寄给钱老以供参考，同时还向钱老建议中国应当尽快进行系统性的自由电子激光的研究工作。不久，刘盛纲即收到了钱老的回信，信中，钱老对刘盛纲表示感谢，并勉励他继续在科学道路上奋勇探索。

一年以后，刘盛纲指导的第一位博士研究生王俊毅完成博士论文，题目为《多电子注自由电子激光的研究》。刘盛纲试着写了一封信给钱学森，请问他是否有时间对这篇博士论文进行评阅。很快，就收到钱老回信，表示非常高兴也非常愿意评阅。钱老的回信让刘盛纲师徒既惊又喜：惊的是，如钱老这样的大科学家和领导，日理万机，却能应允为一个普通博士生评阅论文，真是出乎意料；喜的是，他们的工作将有幸得到钱老的指导。

刘盛纲立即将王俊毅的论文寄给了钱老。不久，就收到钱老亲笔写的评阅意见。评阅意见中，钱老指

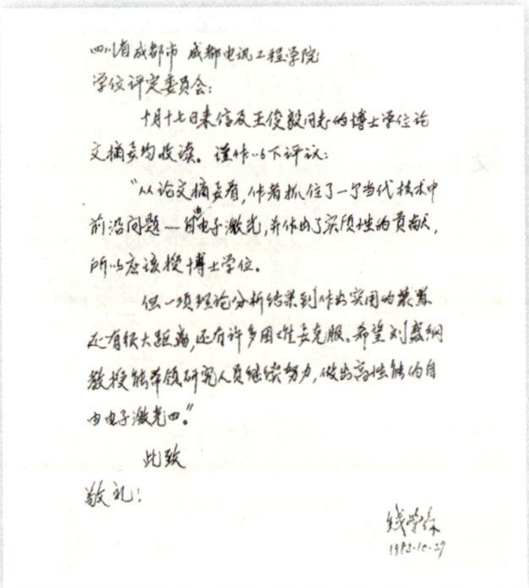
四川省成都市 成都电讯工程学院
学位评定委员会：

十月十七日来信及王俊毅同志的博士学位论文摘要均收读。谨作以下评议：

"从论文摘要看，作者抓住了一个当代技术中前沿问题——自由电子激光，并作出了实质性的贡献，所以应该授博士学位。

但一项理论分析结果到作出实用的装置还有很大距离，还有许多困难要克服。希望刘盛纲教授能带领研究人员继续努力，做出高性能的自由电子激光器。"

此致

敬礼！

钱学森
1983.10.27

钱学森为刘盛纲学生王俊毅的博士论文做评阅意见

出该论文抓住了当代技术中的前沿问题——自由电子激光，并做出了实质性的贡献，应该授予博士学位，但钱老认为，一项理论分析结果到作出实用的装置还有很大的距离，还有许多困难要克服。他希望刘盛纲能带领研究人员继续努力，做出高性能的自由电子激光器。

从钱老的评阅意见中，刘盛纲看到了他对新兴科学技术的极度敏锐和对其进一步发展的殷切期望，以及对青年学者的重视支持。这给予刘盛纲和学生们巨大的鼓励和支持。他们紧跟时代前沿，努力探索，在自由电子激光领域做出了一系列高水平的成果。

1986年，国务院制定我国第一个“军民结合”的高技术研究发展计划，即著名的“863计划”，为我国高技术发展开创了新的局面。在钱老的推荐下，刘盛纲被选为863主题专家组成员，同时，为了工作需要，在电子科技大学开办了自由电子激光培训班，参加培训的有近50人，由刘盛纲讲授系统理论及当时的实验结果。

多年来，刘盛纲谨遵钱老的教导，和高能电子学研究所的同事梁正、杨梓强等人在自由电子激光领域做出了一些开创性工作，建立了电磁波泵自由电子激光理论，并进行实验研究；提出并建立了静电泵自由电子激光的理论、等离子体通道电磁波泵自由电子激光理论、自由电子激光的空间电荷波理论；提出了一种新型准光及光学谐振系统的概念并进行理论研究和实验研究工作，目前已用于自由电子激光研究中……这一系列的研究成果得到了国内外学术界的高度认可。

2009年10月31日，钱老与世长辞。此时，尚在北京开会的刘盛纲得知消息后十分悲痛，他当即打电话请秘书送花圈和挽联，后想到钱老原留有重要的笔迹在学校，又赶紧请秘书到学校档案馆查找。会后回到成都，见到钱老笔迹，刘盛纲心情倍加悲痛和沉重，但同时也感到丝丝欣慰。悲痛的是我们国家又

失去了一位为我国科技发展做出重大贡献的伟大科学家，他也失去了一位慈祥的好师长；沉重的是由于担心打扰钱老休养，在钱老生前未能再去拜望，当面聆听钱老的教诲；而欣慰的是钱老的重要笔迹仍被完好保存在学校的档案馆，必将成为学校永远的珍藏。

钱学森逝世后，刘盛纲专门著文《与钱老交往的一件小事》并发表在人民网，谈及他与钱老的交往，在文章结尾处深情缅怀道：

钱老的离去是我国的一个巨大损失。钱老对祖国的热爱、对人类科学的伟大贡献和对科学技术的态度是我国科技人员继承和学习的宝贵遗产。在缅怀他的同时，我们要更加坚持自强、自立、爱国、创新的精神，为我国的进一步繁荣富强而努力学习和工作。

钱老的一生，是为国家的科技事业发展鞠躬尽瘁的一生，而他的努力成果更是改革开放后国家科技发展的重要推动力量。刘盛纲相信，一代又一代的科学家们定会秉承钱老的遗志，将科学精神代代相传，永不熄灭。

3.11 立足国内、面向世界，培养高层次的科技人才

国有贤良之士众，则国家之治厚。贤良之士寡，则国家之治薄。科学技术要赶超世界先进水平，单枪匹马是不行的，需要培养一支优秀的科技队伍。

刘盛纲深深懂得这个道理，因而他在科研的同时，不遗余力培养学生。作为全国首批工学博士生导师及理学博士生导师，在50多年的执教生涯中，刘盛纲培养了200多名硕士研究生、博士研究生和博士后。尽管辅导、上课、答疑、论文指导、研究实验等给他带来了繁重的工作量，可他乐意去承担。刘盛纲每天要做的事情很多，无论他在哪里，他都把时间抓得很紧。他对研究生也十分严格。曾有一位研究生毕业论文写得不好，他批评后，还规定这位研究生暑假休息10天便返校，重新写论文。这位研究生7天便返回了学校，伏案重写。刘盛纲教授又对他谆谆指导，最终他写出了高水平的论文。

提起培养人才，刘盛纲感慨地说：现在流行出国热，有人担心我国自己培养的人才质量不高，得不

到外国人的承认，我认为根基应该扎在国内，我国自己培养的人才，质量是高的。事实也证明了这一点。1985年秋天，他把徐孔义博士推荐到美国麻省理工学院，1986年又推荐了杨中海博士，他们都十分受欢迎。刘盛纲到美国佛罗里达州参加第十届红外及毫米波会议期间，还有好几所大学都争着要他推荐博士。

名师出高徒，刘盛纲培养的研究生、博士生大部分成了各个工作岗位的骨干力量。研究生于善夫、张世昌、王昌柱等在短短的几年里，均已取得多项具有国际先进水平的科研成果。于善夫现担任电子科技大学高能电子学研究所副所长。王俊毅博士的论文，钱学森看后高兴地说，他对多电子注自由电子激光的研究抓住了当代技术中的前沿问题，做出了具有实际意义的贡献。杨中海的《一类新型电子回旋脉塞的理论和实验研究》，被国内专家认为“做了开创性的工作”。在数十年的教学工作中，刘盛纲坚持立足国内、面向世界，培养高层次的科技人才，并注重对学生的思想品质、学风及进取精神的培养，言传身教，给学生以潜移默化的影响。

在学生眼中，刘盛纲身上的执着、勤奋、踏实、严谨等品质是学术知识之外仍值得自己终身学习的。2015年新收的博士研究生于成鹏说：“老师除了出差，每天都来办公室，我们还有什么理由不努力。”

鲜为人知的是，刘盛纲在国内首先倡导和发起研究生授位仪式。20世纪80年代，刘盛纲应邀到韩国浦项工科大学讲学，恰逢学生毕业。该校校长邀请他参加学生的授位仪式，在主席台观礼。授位仪式上，学生们身穿学位服、头戴学位帽，伴着钢琴曲走上主席台，校长亲自为他们颁发学位证书，仔细把学位帽上的流苏从右前侧拨到左前侧中部，并与学生握手祝贺，合影留念。

回国后，刘盛纲向教育部学位办提出了在毕业生中举行授位仪式的想法。学位办当时既没有支持，也没有反对。刘盛纲决定在电子科技大学先行办起来。拍板后，研究生部的工作人员跑遍了成都的制衣厂、裁缝店，甚至剧院、电影厂，都没有人知道要怎么做学士服。刘盛纲派人到图书馆找来一本《大英百科全书》，在里面找到了各种学士服的照片。1988年6月，电子科技大学88届的8名博士毕业生穿着博士学位服，参加了授位仪式。

3.12 成果丰硕，走向世界

有人说，刘盛纲是我国自己培养出来的国际著名物理电子学家，他堪称泰斗级人物；也有人说，刘盛纲在物理电子领域是国际国内公认的学术带头人，他影响着世界物理电子研究的发展……

刘盛纲在电子领域的崇高威望，不仅受到了我国电子学界的高度评价，而且受到了许多外国科学家的瞩目。1979年以来，他已11次应邀出国参加国际红外与毫米波会议、国际自由电子激光会议、美国物理学会年会、国际远红外与毫米波讨论会、亚太地区微波

刘盛纲院士与外国专家交流

会议等，不仅在会上作学术报告，并且多次担任会议分会主席。他还是第4届国际回旋管与自由电子激光讨论会的主席。

刘盛纲是“国际红外与毫米波会议”“国际核聚变发展评议会议”“国际远红外会议”“国际电磁场及离化气体非热生物效应会议”“IEEE国际真空电子学会”五个大型系列国际会议的常设国际委员会委员或会议主席，他曾多次在我国主持召开大型国际会议。他是国际电磁场及离化气体与生物细胞非热相互作用研讨会的发起人之一，是国际K. J. Button奖奖励委员会成员、国际自由电子激光奖五人评审委员会成员、美国MIT电磁科学院院士。1990年他当选为国际电荷科学院院士及乌克兰国家科学院毫米波物理学术委员会委员，还被国内外的同行科学家一致推举为首届全球华人等离子体科学会议的主席。

刘盛纲讲学足迹遍布欧美许多国家，1981年，刘盛纲率领我国电子学专家代表团到美国参加学术会议。会后他被邀请到美国海军研究所作学术报告。报告前，一位华裔教授提醒他：这儿的听众有个习惯，如果他们对报告不感兴趣，随时都可能退场，如果出现这种情况，请他不必介意。然而，出乎意料的是，当他用流利的英语进行精辟的报告时，不仅中途没有一个退场，报告结束后，不少专家、教授还主动找他讨论问题。

1983年刘盛纲应邀到麻省理工学院讲学。1985年他又应邀到麻省西德核物理研究中心讲学，然后应邀到汉堡工业大学、柏林工业大学、慕尼黑工业大学、布伦瑞克工业大学讲学。1986年5月，他应邀到美国新泽西大学讲学……所到之处，备受欢迎。

2008年他创建了国际上第一份专门的太赫兹学术杂志——《国际太赫兹在线》（*Terahertz Science and Technology*），并担任主编。该杂志不仅是本领域国际学术交流的又一个平台，还是展现我国乃至国际太赫兹发展水平的一个窗口。

同时，刘盛纲受聘为美国威廉与玛丽学院等三所著名大学的杰出客座教授，德国汉堡大学Philip讲座教授，韩国浦项工科大学客座教授及意大利米兰大学、英国利兹大学、浙江大学、中国科技大学、中山大学、华中科技大学、四川大学等几十所国内外著名大学的客座教授。

“其实，科学的东西是在相互交流相互学习中产生和发展的，关门搞研究是很难有大的成效的，开放社会需要开放的精神，搞学术更需如此。”刘盛纲这样解释他勇当科学使者的行动。

刘盛纲是使自己的科研领域成为我国在世界上处于领先水平的少数科学家之一。他在学术上开放的胸襟赢得了国内外同行的尊重和认同。如今，刘盛纲虽然已获得多项物理学大奖，包括诺贝尔奖提名人、国际马可尼奖、国际爱因斯坦科学奖提名人、陈嘉庚信息科学奖、英国皇家巴顿奖在内的诸多荣誉，但他最看重的，是1980年被评选为中国科学院院士。刘盛纲就是这样一位爱国者，他把自己的全部爱国热情都注入他的科研工作和为国家培养下一代科技人才当中。

3.13 科学与艺术相融相通

有人说，科学与艺术是一个硬币的两面。刘盛纲不仅有深厚的科学功底，而且对文学和艺术颇有研究。空闲时，他常会作诗一首或者吟诵一两首古典诗词以抒怀。他也会拉二胡和弹钢琴，工作累了的时候，他常会拉上两段。他的邻居黄大用的女儿何燕明记得，小时候，在短暂的闲暇之余，她家隔壁的刘叔叔会从衣柜顶上拿下琴盒，取出小提琴，将琴弓在松香上轻轻地拭几下，轻轻地调一下琴弦，一扬弓，一支优美的曲子便从弦上缓缓流淌出来，在堆满书籍和杂物的房间里回荡着……曲罢，刘叔叔会淡淡地对他的两个儿子和何燕明说："知道吗？如果我不搞学问，我一定会去拉小提琴，成为一个小提琴家，一个很好的小提琴家。"也就是从那时起，几个孩子知道了《月光曲》《小夜曲》，知道了舒曼、舒伯特、柴可夫斯基、贝多芬，知道了阿炳的故事。古典音乐中，刘盛纲最喜欢《春江花月夜》，搜集有四个不同版本的曲子，工作累的时候，他常会叫上学生们到他家去听上几段音乐，缓解疲劳。刘盛纲认为科学与艺术是相融相通的，艺术能激发人的灵感，启迪人生智慧，使他有更愉悦的心情和充沛的精力投身科学事业。

刘盛纲的文学功底颇深。2009年4月，刘盛纲和夫人到日本大阪访问，住所附近有一个荷塘，被一片竹林环绕，甚是幽静。工作之余，刘盛纲常来此处散步。小径上落英缤纷，花红竹翠，鱼游莲底，富有诗趣。

一天，学生李大治来看望，陪老师一起散步。两人沿着荷塘闲聊诗词，古诗近体，刘盛纲一一谈及：诗人李白的想象力令人惊叹，“花间一壶酒，独酌无相亲。举杯邀明月，对影成三人”，想象奇特，构思精巧；“蜀道之难，难于上青天”则表现出了李白惊人的空间想象能力，诗人似乎站在半空中，俯瞰川蜀大地。杜甫一生忧国忧民，他的“安得广厦千万间，大庇天下寒士俱欢颜”，已近乎在为底层民众呐喊；而“星垂平野阔，月涌大江流”，写出了雄浑空旷的境界，堪称名句。李商隐文字功底深厚，诗文华丽，“身无彩凤双飞翼，心有灵犀一点通”“沧海月明珠有泪，蓝田日暖玉生烟”，遣词造句，瑰丽优美，读来赏心悦目。纳兰性德洞察人世冷暖，至情至性，“人生若只如初见，何事秋风悲画扇”……

这些精妙绝伦的古典诗词，刘盛纲一路娓娓道来，普通话里间或夹带着乡音，语调抑扬顿挫。有时兴之所致，整篇诗词便脱口而出，虽慢吟长诵，却无停滞卡壳。天气晴朗，景色宜人，李大治回忆，那一天，先生兴致很高，从诗词说到中国的历史和古代文化，又谈到敦煌学的研究，以及历史学家、国学大师陈寅恪。

“做研究和诗词创作有共同之处”，刘盛纲停住脚步对学生说，“做研究也要具有想象力，有想象力才能创新。并且，研究一个物理问题，要抽丝剥茧，像交响乐那样，层层递进。”稍微停顿了一下，

2012年3月19日，刘盛纲参加四川省人才座谈会

刘盛纲院士接着说道："从事自然科学研究非常需要耐心和毅力。为了弄清楚某个物理现象的本质，有时可能需要数日、数月甚至数年的摸索。只有这样锲而不舍，孜孜以求，也许在某一刻，才能豁然开朗，找到问题的真正答案。"刘盛纲拂去飘落在衣服上的落叶，略一思索，微笑着继续说道："辛弃疾有几句词，我们可以借用来描述，这个科研探索的过程。那就是'众里寻他千百度，蓦然回首，那人却在，灯火阑珊处。'"倚竹评诗赋，踏花绕荷塘。刘盛纲院士的儒雅，已与自然景致浑然一体。

3.14 "成都就是我永远的故乡"

1955年，国家在执行国民经济建设的第一个五年计划期间，要在全国建设156项重点工程，中央确定以成都为中心建设西南无线电工业基地。1956年1月，在成都东郊电子工业区（现电子科技大学沙河校区）的一片稻田里，成都电讯工程学院开工建设。

1956年8月，华南工学院、南京工学院、交通大学三校电讯系的众多师生不远千里、从东而西，来到素有"天府之国"美称的蜀地"开疆拓土"。也就是在那一年的10月21日，刘盛纲正式踏上成都的土地，投身于成都的建设潮流之中，开始了他在成都的岁月，而这一待便是66年的时光，他对四川的感情也融在了血液里面："我是安徽肥东人，但我常给人说成都是我永远的故乡。我大半辈子都生活在这儿，在这里组建了美满的家庭，还始终践行着自己一直以来坚守在基础科学研究一线的理想，所以成都心里最亲。"

66年来，刘盛纲扎根在成都，将学术视为生命，把教育作为责任，孜孜不倦、辛勤耕耘，一直为成都科技发展做出贡献。他时常提到，我是在成都这片沃土上成长起来的，它的发展变化我都记在心上，现在我还想为其发展再做些事情。

同时，他也把这份感情化为行动。在向国家建议大力发展太赫兹领域研究的同时，他也在电子科技大学创建太赫兹研究中心，2012年6月，他还建立了"太赫兹科学协同创新中心"，这支队伍由电子科技大学牵头，联合南京大学、清华大学、北京大学及中国科学院部分研究所等在内的国内太赫兹领域多家优势单位和团队，得到了国际太赫兹领域的高度关注和大力支持，10位太赫兹领域国际顶尖科学家加入中心并成立了国际咨询委员会。

除了拓展四川物理电子学研究发展，他还把一场全球红外毫米波及太赫兹领域最具权威性的顶尖国际性会议，“抢”回了成都。

2018年9月，第43届国际红外毫米波-太赫兹会议在日本召开，全球800多名学者参会。刘盛纲带队，从现场成功拿回2021年会议的主办权。回顾历时一年的精心准备和努力，刘盛纲甚为感慨，“希望把这场会议办好”。

刘盛纲寄语：我希望成都能够对高校的发展更加重视。在产业转型的大背景下，人才是发展的关键。高校是人才成长的主要阵地，我们应该更加关注高校的人才培养。在不断培养人才的同时，还需要注重如何留住人才，尤其是本土优秀的创新创业人才，希望相关部门能够研究制定政策，保障成都发展“软实力”。

3.15　为自己是一名中国人而自豪

一位新中国培养起来的科学工作者，能受到国外同行的承认，应邀到外国一流大学去讲学，为祖国争得一份荣耀，刘盛纲感到十分自豪。

那是1979年12月，刘盛纲随中国代表团赴美出席第四届国际红外与毫米波会议。来到旧金山，犹如踏入五彩云中，只见大厦林立、霓红灯闪亮……人们谈论着：两百多年前，人们带着美梦与狂热涌到这儿，掀起一股淘金热。在旧金山城里，也因此形成了许多民族聚居区，有俄国街、日本街、土耳其街、唐人街……200年过去了，人世沧桑，变化万千，许多“街”都消失了，而中国人的唐人街，至今还傲然立在这座现代化的大都市中。谈到此，刘盛纲心中一股豪情油然而生，之后，他又先后到过迈阿密、华盛顿，曾在一位华人教授家做客。当他一走进教授家，第一个跃入眼帘的是一幅端端正正挂在大厅中的铜制蟹状星云照片。蟹状星云是天体爆炸的典型事例。我国远在宋代就发现并详细做了记载，这是我国古代对人类科学的重大贡献，任何一本天文学书都要提到这一点。那位华人教授以此为豪，可见对祖国怀念之情永远不会泯灭，刘盛纲也深为此而动情。

就在这年12月，在美国召开的第四届国际红外与毫米波会议上，刘盛纲上台侃侃而谈，宣讲他的论文。当他刚走下讲台，人们就向他簇拥而上。有人问：“先生，你是在美国还是英国留过学？”“或者是莫斯科大学培养的？”

“不，我是新中国培养起来的。”他微笑着回答道。这便是刘盛纲，他永远为自己是一名中国人而自豪。

◎刘盛纲院士语录

没有国哪有家。只有国家富强，才有家庭和个人的幸福。

能继续为国家做出贡献是我最大的心愿。

太空卫士

中国工程院院士陈鲸的故事

◎ 院士简介

陈鲸

陈鲸，1940年11月17日出生，安徽怀宁县人，通信与信息系统专家、我国空间监视技术领域主要开拓者、中国工程院院士。1963年毕业于合肥工业大学无线电工程系。西南电子电信技术研究所研究员、博士生导师。信息工程大学、国防科技大学、复旦大学兼职教授，合肥工业大学顾问教授，成都电子科技大学极高频复杂系统国防重点学科实验室学术委员会主任。《飞行器测控学报》《电子与信息学报》《电子科学学刊（英文版）》编委会顾问，军事科学技术奖励评审委员会委员，国家成果奖励评审委员会委员。

陈鲸作为总工程师先后主持研制完成的我国首套卫星频谱监测管理成套设备，解决了对监测管理的卫星发现、跟踪、定轨和连续监测管理难题；主持研制完成的我国首套空间监视系统，提出了多站多传感器混合组网的系统体系结构，综合运用无源探测、光电监测、信号检测、参数估计、轨道自动处理和目标综合识别等技术，解决了对空间目标现象及特征信息获取与处理、目标态势感知与编目管理的难题；联合主持设计研制完成的我国首套卫星遥感数据信号接收处理系统，为我国卫星遥感技术发展做出了突出贡献。其研发的相关技术在我国资源、海洋、气象、对地观测等卫星地面应用系统中得到广泛推广应用，取得了显著的技术效益与经济效益；在我国科学实验卫星系统试验验证、设计研制与开发应用，新型全数字阵列监视雷达体系结构设计与关键技术突破、系统设计研制中发挥了引领作用。先后获国家科技进步奖一等奖2项、二等奖1项，部级科技进步奖一等奖1项、二等奖4项。先后荣立一、二、三等功各1次。所在团队获全军首届创新团队奖。

4.1 父母亲是最好的老师，言传身教是最好的教育

1940年11月17日，扬子江畔安庆市郊的一个小山村里，一名男婴呱呱坠地，七口之家又添新成员，父母为他取名叫陈鲸。那时候，由于家境贫寒，子女多、田地少，父亲只好外出打工，并在帮药店干活的过程中逐渐学会了一些医术，开始独立行医。一方面挣些微薄的医药费养家糊口，另一方面帮助那些付不起医药费的贫困乡亲。

青年时代的陈鲸（后排右一）

陈鲸院士和笔者讲起他父亲时说，他记得父亲每到年终常常会烧毁一些讨不回钱的账本，这就是父亲的性格。父亲对病人从不马虎，自打独立行医起，经常为了一些疑难病症，夜里点着煤油灯攻读医书直到天明。父亲高尚的医风医德、精湛的医术、赤诚待人的性格，赢得了方圆百里乡亲们的尊敬与爱戴。同时父亲的这种广施博爱、慈惠乡邻、刻苦钻研医术、治病救人的精神也在陈鲸幼小的心灵深处牢牢地扎下了根。

陈鲸的母亲则是一位典型的传统农家妇女，洗衣、做饭、缝缝补补，含辛茹苦，勤俭持家，操持着一家老小的生计。为了全家仅有的一亩多地，春种、秋收，日夜操劳，她用自己弱小的肩膀承担着一般男人的体力之劳，撑起了一个八口之家的重担。

在慈母的关爱和严父的管教下，陈鲸自幼受到母亲的勤劳节俭、父亲的刻苦好学精神的熏陶，度过了清贫而有意义的童年。父母的言传身教，对小陈鲸产生了潜移默化的重要影响，他们的善良、正直、忠厚待人和助人为乐的处世态度，在陈鲸幼小的心灵种下了一颗颗健康向上的种子，培养了他善良正直、忠厚老实、助人为乐的良好品格。

陈鲸到了上学的年龄，在父辈亲身经历的“贫穷就是因为无知”的教导下，在父母“宁可饿肚子，也要让孩子读书”的思想指引下，陈鲸兄弟几个有幸步入了知识的殿堂，也正好赶上了中国的新生，父亲对他们要求特别严，要他们一定好好读书。出身穷苦的陈鲸放过牛，种过地，帮父亲抓过药，也读过一些药书，熟悉一些药性。正是在党和人民的关怀下，依靠政府助学金资助，陈鲸才得以顺利读完小学、中学乃至大学的学业。正因为祖国母亲的无私恩情，才使得陈鲸植根于社会主义新中国的沃土之中，生根、发芽、成长、成才，并在以后的攀登科学高峰的路上始终表现出一种顽强坚韧的奋斗精神。所以，陈鲸在自述文章中写道：“我对党和人民的感恩之情是永远泯灭不了的。打上学时起，就有很多梦想，还有一个心愿：长大后要报答党和人民。”

安庆市第一中学

4.2 “没有党和人民的培养教育，就没有我的成长和成才”

陈鲸从少年时代起，学习就非常努力。油灯如豆，悠悠忽忽的灯光映照在略显瘦削的脸庞上。考入安庆市第一中学（简称安庆一中）后，有了学校的系统教育，加之自身的刻苦攻读，陈鲸探索着、实践着做人、做事、做学问的基本准则。这所学校的前身是由近代思想家严复倡导兴办的百年名校——安徽师范学堂。安庆一中有着深厚的文化底蕴和光荣的爱国主义革命传统，这深深地浸染了少年陈鲸的思想，时刻激励鞭策着他。时至今日，时光过去了60多年，陈鲸院士深情地向我们讲起母校的校训——“诚毅”二字仍令人感动。“诚”是勉励师生对祖国、对民族要无限忠诚，待人诚恳，充满人性之爱；“毅”是勉励师生要有坚毅不拔的意志，在校学习知识、修身养性、锻炼体魄都要持之以恒，克服困难，追求进步，走向社会工作，要敢于负责，百折不挠，勇毅前行。

陈鲸院士至今都能吟唱校歌《永为国之栋》：

滔滔长江东入海，我居古皖。
巍巍学府开文运，我坐龙门。
中西交融，文理并重，桃李浴春风。
争第一，怀天下，永为国之栋。

在校训校歌的启迪和陶冶下，少年陈鲸养成了做人诚实真诚，做事意志坚强、果断的品格。同时，在古城革命先驱陈延年、陈乔年等动人心弦的、可歌可泣的光辉事迹的教育与感召下，培养了陈鲸强烈的爱国主义思想及浓厚的学习兴趣。

“天下兴亡，匹夫有责”，陈鲸说，“在中学的启蒙教育中，对我思想影响最深最大的还是爱国主义教育。它使我明白了，在旧社会中国为什么总是受人欺凌，人民为什么总是处在灾难与水深火热之中。要想不再受他国欺凌，就要振兴中华，特别是作为新中国培养起来的新一代的革命接班人，更要遵照毛主席的‘好好学习天天向上’的指示，担当起强国富民的光荣使命。”在党和国家的培养以及学校的系统教育下，陈鲸开始自觉地树立起为祖国和人民而学习的理想。此后，他深深地扎根于社会主义新中国的沃土之中，生根、发芽、成长、成才，并在科学的道路上，顽强拼搏，勇攀高峰。

母校领导来访

2014年3月13日，安庆一中徐晓春校长、陈文贞副校长及程裕督导一行，在成都拜访了陈鲸院士。在弥漫着浓郁书香的办公室里，陈鲸深情回忆了当年在安庆一中的学习时光。他认为，在安庆一中求学的经历为他的人生道路打下了坚实的基础，是安庆一中深厚的文化底蕴、光荣的爱国主义革命传统培养了他强烈的爱国主义思想，是安庆一中“诚毅”校训启迪和陶冶了他“做人要诚实真诚，做事要意志坚强、果断”的品格，激励鞭策着他积极投身祖国的建设。他希望安庆一中在校学生要珍惜时光，努力学习，将来为祖国建设做贡献。他祝愿母校桃李满天下，办得越来越好。交谈中，陈鲸充分展现出一位科学家所具有的淡泊求真的精神境界和乐观豁达的人格魅力，让人肃然起敬。陈鲸还愉快地接受了徐校长关于重返母校给在校生做一场讲座的邀请。

4.3 “祖国的需要就是我们的志愿”

1958年陈鲸高中毕业，报考大学填写志愿时，由于家庭是中医世家，他曾想立志学医，继承父业，为百姓治病解除病痛，而这一初衷也根植于他强烈的爱国主义情怀中。后来他听从班主任的建议，选择了学理工。陈鲸怀着为祖国寻找宝藏的远大抱负，立志要成为一名地质工作者，而报考了当时的合肥矿业学院地球物理勘探专业。但由于当时全国高校整改，专业调整，合肥矿业学院改名为合肥工业大学，陈鲸也从合肥矿业学院地质勘探专业调整到合肥工业大学无线电工程专业学习。对此，陈鲸说："我们那时思想是很纯朴的，同学们都有这样一个信条，祖国的需要就是我们的志愿，哪里需要就往哪里去。"

带着报效祖国的满腔热忱，学一行爱一行。在大学里，陈鲸不仅认真学习无线电工程的基础知识和专业理论知识，还积极参加学校组织的南京无线电厂熊猫收音机、上海亚美微波仪器厂微波仪器的课程设计实习，中国科学院安徽半导体研究所的拉单晶硅的现场观摩教学，北京电视台和安徽电视台建台的毕业设计……

这些实践活动极大地激发了陈鲸参与工作实践的兴趣和好奇心，原来科学是如此有趣、高深、奥妙！同时，也让他体会到一名无线电工程师的重大责任与使命。没有扎实的基础知识和专业理论知识不行，没有很强的动手能力更不行！因此，大学整整五年，他沉醉在知识的海洋里，在书本上，在实践中，他如饥似渴地汲取着知识营养，努力学好各类基础理论，并积极运用于实践，坚持系统学习与社会实践相结合，努力学以致用。

兴趣是最好的老师。陈鲸一方面刻苦勤奋地系统学习，另一方面又把自己对学科的全部热爱投入到动手实践中。他积极开展无线电小制作。刚开始学习无线电接收理论时，他就用勤工俭学得来的钱买些零部件，自己动手组装矿石收音机、电子管收音机；学习电视广播理论课时，他和几个同学一起学习制作黑白电视接收机。可以说，这些业余爱好培养了陈鲸对科研的广泛兴趣，培养了他的动手热情，为他后来的科研实践打下了良好的基础。

也正因为如此，他体会到人类向高度文明社会进化发展过程中，学习—实践—学习的重要意义，真正理解了高尔基那句“书籍是人类进步的阶梯”的名言的深刻内涵，同时也进一步理解了毛主席的“读书是学习，使用也是学习，而且是更重要的学习”的伟大的理论指导意义。大学是一个为做学问打基础与奠定理论功底的重要场所，也是参加社会实践、接触社会的桥梁。在这里，他对新知识的渴求与课外阅读自学能力得以提升，他对科研的广泛兴趣及对动手实践的热情得以培养。

4.4 闯入信息与电子工程科研领域，全身心投入到事业之中

陈鲸笑言：“阴差阳错，选择无线电，从此与信息与电子工程科技工作结下不解之缘！”1963年，陈鲸大学毕业后分配到成都工作，带着一种强烈的责任感、使命感和紧迫感，迈入信息与电子工程科研领域。到了工作单位，有了更多机会，有了更好地塑造自我、完善自我的机遇，陈鲸的理想进一步得到实践与实现。带着为祖国为人民多作贡献的强烈的工作欲望，以及初生牛犊不怕虎的敢想敢干精神，陈鲸全身心地投入到事业之中，几乎整天沉浸在实验室和办公室。工作上他从不讨价还价，组织安排什么就做什么，就坚决做好什么，他在工作实践中摔打着自己、锻炼着自己。

陈鲸投入工作时，正值我国电子工业突飞猛进的发展时期，这使他有机会经历了从电子管，晶体管，到小、中、大规模集成电路，再到计算机的通信与信息系统发展的全部过程，并留下了自己深深的足迹。

科学无坦途。刚开始工作时，由于通信与信息系

统工程领域涉及的专业面很宽，需要他承担的专题技术项目很多，同时受当时工作条件所限，无参考资料可供借鉴，陈鲸经常感觉到知识储备不够、自身工作经验不足而带来的困惑和迷茫。但这一切的难题都没有把他吓倒。在专题技术研究中，一方面他得到了著名电子工程与通信技术专家胡光镇院士的精心指导和传帮带，其严格、严肃、严谨、严密的工作作风和博学精专的技术，使陈鲸受益匪浅；另一方面他又得到了著名信号处理专家陆孝全教授在扩展知识层面的系统指导和大力扶持。同时，在实际工作中，陈鲸果断采取“问、学、思、干”相结合的方法，对自己进行大幅度的强力充电，并凭借着强烈的好奇心、执着的追求，在理论与实践相结合方面取得了长足的进步，提高了自学和独立科研攻坚的能力，为此后承担大型系统工程奠定了坚实基础。

面对祖国飞速发展所带来的机遇和挑战，陈鲸以积极、主动、进取的姿态把握着机遇，迎接着挑战。在参加工作的最初20年里，他从事过多种设备和多种分系统的设计研制工作：做过最基础的电子管信号发生器、晶体管晶体振荡器、移位寄存器、温度补偿的振荡器和音频放大器等基础电路；完成了频分多路设备、时分多路设备、有线和无线通信设备的设计研制；负责了取样和连续语图仪、通信系统同步设备设计研制和高速话路调制解调器的预研工作；参与了频率综合器、信道声码器复制研制；在20世纪80年代初期，肩负起用MC10800系列位片机设计成16位计算机系统的重任，完成了在通信系统的数字滤波、数字解调中开发应用的专题研究。

由于工作需要，从1983年陈鲸开始承担系统工程任务。近30年来，他一直致力于空间目标信息获取与处理技术领域的科学研究与工程实践工作。主要承担了卫星频谱监测管理、空间目标监视和卫星遥感数据接收处理等重点工程任务。研究内容主要包括低轨道卫星电磁频谱监测管理、空间目标探测与识别、信号检测与参数估计、多源信息融合技术和卫星遥感数据接收与处理技术。先后担任10余项各类系统工程负责人、总工程师和副总工程师。在1983—2006年的20多年时间里，他带领团队主持设计研制出我国首套低轨卫星电磁频谱监测管理设备和我国首套空间目标监视系统，参与主持设计研制了具有我国自主知识产权的遥感卫星图像数据信号接收与处理系统。目前，这些系统及其相关技术已广泛应用于电磁频谱监测管理、空间态势感知、数字化城市、数字化环境等领域，同时，在农业灾害预报、环境污染监测、大型工业基地的布局、港口河流变迁监测等方面也发挥着关键作用，取得了显著的经济效益和社会效益，为我国国民经济发展和国防建设做出了突出贡献。

虽然这中间很多工作与他本身专业并不相关，而且在别人看来是所谓的“杂活”，但陈鲸并未因此而产生情绪，降低对自己的要求，仍然踏踏实实、尽心尽力地做好单位安排的每一份工作。按他自己的说法，就是“只有打好基础才能有大发展，只有干好小事才能做大事。只要赋予感情，小项目同样会有大精彩”。平实的语言，蕴含他对工作高度的责任感。

“我的体会就是，多读书，读好书，学以致用，学无止境，持之以恒，其乐无穷。”陈鲸表示，任何一个东西，从不懂到懂，只要肯下苦功就一定能学有所成。“我从初中到大学只接触过俄文，但到了工作单位接触到的全是英文资料，所以首先面临的挑战就是要自学英文，那段时间我家里到处堆满了英文参考书、英文词典和英文单词词汇等，做到有空就学，随时可阅读记忆。”年过不惑，陈鲸又进入总后勤部指挥学院继续深造，1996年1月毕业。1997年1月至1997年8月应邀到美国雪城大学访学。

“路漫漫其修远兮，吾将上下而求索。”这是陈鲸曾经的一幅书法作品，也是他毕生对于科学执着追求的真实写照。陈鲸这样形容自己的科研经历：“60年的科研生涯中，前20年我都在一心‘打基础’。”20年的专题研究也为他未来的成长打下了坚实的理论基础和专业技术基础。他认为，根深才能叶茂，厚积才能薄发。当今的科学研究大多是跨领域、跨专业的，科学家需博览群书，并要具备在深入的科学理论和技术基础指导下科学研究和工程实践的能力。

4.5　维护国家空间安全，自主研制低轨道卫星监测管理系统设备

20世纪80年代初期，针对我国空间电磁频谱低轨道卫星监测管理的需求，国家确定开展对“低轨道卫星的电磁频谱监测管理”项目的立项研制工作。由于当时我国尚无低轨道卫星作为试验目标，对低轨道卫星搜索发现跟踪测量设备也处于空白阶段。在通信与信息系统领域摸爬滚打多年的陈鲸瞄准国家需要，以深厚的积淀和勇于创新的精神开始了大踏步前进。

为了保护国家空间资源，不再受制于人，尽管当时没有试验目标，也没有试验设备，陈鲸还是毅然带领着研究团队开展了大量的调查研究工作。经过深入的分析和论证，他们提出了以低轨道遥感卫星轨道作为主要监测对象，并将其作为突破口，同时针对需求逐步向宽频段技术方面扩展。

日以继夜的科研攻关，陈鲸和研究团队满怀期待地努力着。然而，很快，他们就被一个技术难题所阻挡：宽频段信号的无源探测，以及无源轨道测量和短弧段轨道的确定。如何解决？实际上，根据我国当时技术水平，这是该项目的主要技术难点，而且是该项目必须攻克的关键技术难关。

为了攻克这一难题，陈鲸身体力行，带领团队迎难而上，不懈努力，大胆创新，提出了全频段的信号被动搜索发现、跟踪测量、宽/窄波束空间搜索跟踪、全频段/分频段扫描、定频固守/频域信号接收系统方案，综合运用宽窄波束组合搜索、宽频段信号多极化匹配接收等技术，解决了低轨卫星轨道、信号和过境时间等参数未知或先验知识极少的情况下，搜索发现跟踪测量的难题，实现了对0.1~12GHz全频段信号接收和目标的方位/俯仰的数据采集。在此期间，攻克了0.1~1GHz和1~12GHz宽频段天线、宽带馈源网络和快速响应的伺服技术，同时，还解决了宽频段信号接收中频采集记录和宽带超低插损滤波器技术难题，成功地自主设计研制出我国0.1~12GHz宽频段无源探测系统，为我国低轨卫星宽频段电磁频谱监测管理奠定了技术基础。另外，他们研究提出的单站短弧段粗略跟踪测角数据定轨的新思路，解决了通过可视区内的低轨卫星，电子信号持续时间短和可跟踪弧段短难以定轨的问题，实现了对低轨卫星的单站定轨和连续跟踪。其技术创新成果为低轨卫星频谱管理与目标编目奠定了基础，更为发展我国的低轨道卫星应用做出了重要贡献。

中年时代的陈鲸

陈鲸历时13年带领研制人员不断持续攻关和应用开发，突破了诸多跨学科、多专业技术系统集成难题，克服经费少、技术难关多、时间紧、人力资源不足、全国范围内大兵团作战等一系列困难，在技术体制、技术路线、系统集成、多传感器数据融合等方面作出一系列创新，这一科研成果于1996年获国家科技进步奖一等奖。这是我国成功研制的首套低轨道卫星监测管理设备，意味着以陈鲸为代表的中国科技工作者以实际行动向全世界展示中国科技的力量。

4.6 创建中国特色的空间监视系统，使我国成为世界第三个具有空间监视能力的国家

空间监视技术关系着我国空间安全与国家安全。作为通信及信息系统技术领域的专家，陈鲸深谙空间监视技术的重要性。1989年陈鲸着手开展技术预研工作，1992年开始正式的立项研制工作。然而，由于空间监视技术的特殊性，当时我国该领域技术与国外先进国家差距甚大，无法以先进国家同类技术手段来制定系统总体方案，陈鲸和他的团队只有走自主创新这一条路。

经过10多年的刻苦攻关，陈鲸带领团队终于攻克了多项技术难题，开创出具有中国特色的空间监视技术领域。他创造性地提出综合运用无线电监测和光电观测手段，混合组网监视的系统体系结构，并据此制定了多站多传感器混合组网的系统设计方案，满足了国家当时对空间安全方面的需要。同时，他提出了综合运用多频段单脉冲跟踪测量、宽带信号适应性接收处理分析和宽视场搜索发现，精密光电跟踪测角、光度测量与多传感器监测的技术路线，实现了对空间

目标的信息获取和组网监视。针对低轨卫星工作频段宽、信号跟踪和轨道测量要求高的特点，采取多种多频段单脉冲搜索跟踪测量设备相组合的技术方案，满足了组网侦察监视和轨道测量的要求。针对空间目标信号种类多、未知因素多的特点，采用多功能信息处理平台和快速信号分析技术，提高了系统信息获取的适应能力和灵活性，实现了对多种信号的分析与处理。为弥补被动无线电技术手段的不足，根据当时技术条件，采用大视场多目标搜索监视、窄视场精密跟踪测量和光度测量的光电手段，实现了对空间目标光学搜索发现，精密跟踪测量，亮度记录与特征提取和轨道精密确定。此外，还提出对多传感器、多时段、不同精度的测角和测速数据在时间与空间上进行相关处理，通过质量评估，以确定各种测量数据在轨道改进过程中权重的技术思路，指导开发出轨道自动处理和专家经验提示交互处理软件，实现了多站多传感器轨道数据综合定轨，进一步提高了定轨精度和定轨能力。

他提出利用卫星的轨道、信号和亮度等特征对目标属性进行聚类分析的技术思路，指导开发出空间目标综合特征识别算法，实现了空间目标识别与编目管理。以被动无线电技术手段为主、光电观测手段为辅、多站多种传感器混合组网的系统体系结构，以及多站多传感器轨道数据综合定轨的技术和对空间目标属性识别和编目管理的方法……

他开创了具有中国特色的空间监视技术领域，促进我国空间态势感知技术跨越式发展，使我国成为世界上仅有的几个具有空间目标监视能力的国家之一。这是陈鲸和科研团队持续15年艰苦攻关取得的科研成就，2004年获国家科技进步奖一等奖。陈鲸以惊人的毅力带领团队实现了空间监视技术领域的“中国创造”。

4.7 开辟具有自主知识产权的我国卫星遥感接收处理技术领域，实现了跨越式发展

20世纪80年代末，继低轨道卫星频谱监测管理系统研制成功之后，作为地面应用系统总工程师，陈鲸再一次披挂上阵，于1992年开始了我国卫星遥感接收站的自主设计研制工作。他以百倍的热情投入到该项科研工作中，从1989年开始，策划主持了我国首个遥感接收试验站的实验工作，起草撰写了我国遥感卫星地面接收系统可行性论证报告，为推动我国卫星地面遥感接收站自主研制，制定了我国遥感接收站的总体

设计方案，并主持完成了具有自主知识产权的我国卫星遥感接收系统设计研制，实现了多项技术创新：提出了综合运用精密的机械倾斜机构和程序控制过顶的技术思路，解决了基于方位俯仰座架天线结构的、卫星过顶的稳定跟踪和数据接收难题；提出了综合运用宽带射频通道设计、小步进数字变频和交换矩阵、均衡、解调、格式化处理可编程的技术思路，解决了多星、多速率、多种调制方式、多种数据格式遥感信号接收、解调、记录、快视和分析的问题；运用最优化控制理论，解决了多星、多任务冲突的问题。坚持自主创新，联合开辟了具有自主知识产权的我国卫星遥感接收处理技术领域，这些技术成果解决了单站接收系统对多颗遥感卫星信号的接收难题，为我国后续遥感卫星、海洋卫星、气象卫星、测绘卫星等卫星地面应用系统研制设计，奠定了坚实技术基础，做出了卓越贡献。

4.8 开辟新的全数字阵列空间监视雷达预先研究

陈鲸作为科学实验卫星系统副总工程师、地面系统总工程师，在中国科学实验卫星系统试验验证开发应用、新型全数字阵列监视雷达体系结构设计与关键技术突破中发挥了引领作用。陈鲸参与主持了我国科学实验卫星的需求分析、立项论证以及实验验证与系统设计研制工作，为我国第一代科学实验卫星应用开发，以及后续科学实验卫星发展，奠定了坚实的技术基础，在应用中技术与经济效益显著。

陈鲸开辟新的全数字阵列空间监视雷达预先研究工作，推动了工程快速立项和设计研制。针对我国传统雷达技术体制和体系结构，不能适应新一代空间监视的需求，开展了我国新一代空间监视雷达的需求分析，开展了体系结构与技术体制的研究，并对系统中关键技术进行了实验验证分析，通过两年的技术调研与前期准备工作、三年的预先研究，确定了新一代空间监视雷达系统技术体制和体系结构，并通过系统建模仿真战术技术指标分析，制定了关键技术攻关与试验验证技术方案，最后，通过立项设计研制，为“十五”“十二五”新装备建设奠定了技术基础，对开辟新的技术领域，推动空间监视工作持续稳定发展做出了重要贡献。

陈鲸先后主持设计研制完成多项大型系统工程。目前，这些系统与相关技术已广泛应用于电磁频谱监测管理、空间态势感知、数字化城市、数字化环境等领域，同时，在农业灾害预报、环境污染监测、大型工业基地的布局、港口河流变迁监测等方面也发挥着关键作用，取得了显著的经济和社会效益，为我国国民经济发展和国防建设做出了突出贡献。鉴于其在我国通信与信息系统领域所取得的开拓性成果和做出的贡献，2005年陈鲸当选为中国工程院院士。

4.9 受到胡锦涛主席通令嘉奖

近十多年来，年过古稀的陈鲸院士在为我国空间监视技术发展与空间安全做进一步深入研究和关键技术预研工作中，在所涉及的技术领域发展战略规划和重大工程项目立项中，发挥着领军作用；共培养领域领军人才、博士后、博士与硕士研究生30多名，为培养年轻人，推动该领域技术发展，做出不懈努力；在国内相关领域作主题报告40多场；撰写重要研究报告和学术论文60余篇，获全军专业技术重大贡献奖。他还出版了《空间监测技术概论》等多部著作。

2006年，陈鲸所在团队获全军首届创新团队奖。2006年5月2日，陈鲸受到时任中央军委主席胡锦涛的通令嘉奖，记一等功；11月1日，陈鲸所在的总参驻蓉某研究所专门就此事为他开了庆功会。陈鲸先后荣立一、二、三等功各一次……

陈鲸院士几十年如一日，将生命融于事业，以科技创新为本，以祖国需求为导向，在质朴的追求中透露出一种深刻的精神境界和人格魅力。一项项重大成果的突破，一串串闪光的足迹，没有刻意去追求，却绽放出时代的光彩，震撼着人们的心灵。

在陈鲸的人生辞典里，为人、为事、为学问高度和谐统一。做人，他清正而刚毅，真诚善待他人，乐观而豁达；做事，他脚踏实地，潜心钻研，痴情于工作；做学问，他博学而笃志，淡泊以求真，十年磨一剑，自强不息。他以一颗火热的赤子之心，默默地践行着一个党的儿子的价值标准。

在中国，正是因为有许多像陈鲸院士这样出色的科学家，才取得了从落后挨打到与世界同步，甚至领先世界的骄人成绩。鲁迅说过："我们自古以来，就有埋头苦干的人，有拼命硬干的人，有为民请命的人，有舍身求法的人……这就是中国的脊梁。"陈鲸正是这样一位具有强烈的家国情怀、强烈事业心的科技工作者，他用自己的人生捍卫了祖国的安全。在他走过的80余个风雨春秋之中，不管经历顺境还是遭遇逆流，无论配角还是主角，无论利益多少，爱国爱党爱人民始终是他的人生主题。

4.10 “大数据‘大’在数化万物，大数据‘大’在共享融通，发展大数据还得注重大安全”

2019中国国际软件融合创新博览会于7月27日在国家历史文化名城——青岛落幕。由中软国际解放号主办、青岛市软件行业协会协办的“2019青岛人工智能与大数据产业论坛”顺利举办，来自人工智能、大数据及相关产业领域的顶尖专家共话新时代产业发展新思路。陈鲸院士出席峰会并发表精彩演讲。

即将步入耄耋之年的陈鲸院士对待工作的认真和严谨态度让峰会的工作人员发自内心地钦佩，为了使演讲内容对产业界的观众更有价值，他不仅根据峰会主题提前准备了多个版本的报告，期间还不断向工作人员了解听讲者的需求，几经修改，最终选择了对产业发展方向最具参考价值的内容，现场企业代表反响强烈。陈老的报告有观点有数据，给听众留下深刻印象。

通过缜密的数据分析，陈老让大家清晰地看到，未来是移动互联网+模式与大数据创新技术并存的时代，未来的时代不是IT时代，而是DT时代［注：数据处理技术（Data Technology），是以服务大众、激发生产力为主的技术］。

调查显示，32.5%的公司正在搭建大数据平台，处于测试阶段；约29.5%的公司已经在生产环节实践大数据，并有成功的产品。总体来看，目前正在开发和已经使用的大数据应用平台占比超过6成，而准备开发的占24.52%，并且这个比例还会日渐上升，说明企业对大数据的需求明显加大。

当龙头企业通过互联网平台将大数据应用连接到传统企业，并带来巨大的商业价值后，通信行业、金融行业、服务零售业以及传统的装备制造业等，纷纷开始进军大数据。

在互联网大数据助推下商业模式不断创新，业务不断延伸。大数据不仅帮助企业优化运营绩效，更重要的是，互联网大数据给企业带来了业务创新的机遇和应用。

“大数据‘大’在数化万物，大数据‘大’在共享融通，发展大数据还得注重大安全。”陈老对于大数据的精辟总结给大数据产业发展明确了思路和方向。

“中国数字经济发展迅速，生态体系正加速形成，而大数据已成为数字经济这一全新经济形态的关键生产要素。”2021年11月20日，陈鲸院士在2021川渝科技学术大会上谈及“大数据深化应用”时表示，让数据发挥作用需要相应的配套制度，首先应加强数据产权的界定和保护。

陈鲸认为，大数据时代的到来，标志着信息化经历了从数字化向网络化到智能化的发展阶段，其带来的变革势不可挡，在政府主导下，全民应该提高数据意识，勇敢地应对大数据时代的挑战。

大数据的价值体现在技术价值、商业价值、行业价值、社会价值等方面。当前，全球数据量仍在飞速增长阶段。根据国际权威机构Statista的统计和预测，2020年全球数据产生量达到47 ZB（计算机术语，代表十万亿亿字节），而到2035年，这一数字将达到2142 ZB，全球数据量即将迎来更大规模的爆发。

陈鲸表示，数据已成为新的关键生产要素，但大规模数据中“大数据”才有经济价值。让数据发挥作用，应当积极鼓励数据的交易，让数据的规模经济和范围经济得到充分发挥。此外，应当对数据的外部性问题进行重新认识。

陈鲸举例称，在很多情况下，隐私保护是限制数据有效流通的一个重要考量。但在数字经济条件下，若数据可进行必要的脱敏处理，并保证不进行二次传播，那隐私保护就不应成为限制数据流通的一个重要理由。

“基于大数据的创新创业日趋活跃，大数据技术、产业与服务成为社会资本投入的热点。”陈鲸强调，大数据对现有的信息技术体系提出了一系列挑战，孕育着体系重构和颠覆式发展的新机遇。为配合数据的基础性战略资源地位，亟须从法律法规、标准规范、应用实践和支撑技术等方面多管齐下，探索并构建完整的大数据治理体系。

陈鲸说，未来随着大数据应用领域的拓展、技术的提升、数据共享开放机制的完善，以及产业生态的成熟，具有更大潜在价值的预测性和指导性应用将是大数据发展的重点。

4.11 科技创新需要冲破知识壁垒，发挥团队作用

面向未来，创新在我国现代化建设全局中处于核心地位。推动高质量发展，构建新发展格局，一个关

键是实现高水平的科技自立自强。2021年政府工作报告提出要坚持创新在我国现代化建设全局中的核心地位，把科技自立自强作为国家发展的战略支撑。

2013年10月21日，习近平在欧美同学会成立100周年庆祝大会上的讲话中指出，在激烈的国际竞争中，惟创新者进，惟创新者强，惟创新者胜。现在，我国经济社会发展和民生改善比过去任何时候都更加需要科学技术解决方案，更加需要把原始创新能力提升摆在更加突出的位置，也更加需要大力弘扬勇攀高峰、敢为人先的创新精神。

在陈鲸看来，科技创新的内涵很深刻，包含着技术创新、应用创新和管理创新等各方面的创新。任何一名从业者，都应该让科创精神在自己的工作中真正“落地”。而不同的学术领域，有不同的创新内涵。“在我看来，实干才能兴邦，要把创新精神和思路落实到实际工作中去。”

陈鲸指出，创新是驱动力和引擎，以实际应用为需求和牵引，才能取得好的作用。要根据需求制定创新方案，用方案指导落地。现在之所以有些创新还无法落地，是因为某些领域的知识壁垒还没被完全打破。

此外，项目要真正落地，创新人才是核心。不仅仅要注重领军、拔尖人才的引进，更要重视对创新团队的整体引进，因为现今有很多科学研究，需要几十人甚至几百人的团队攻坚，需要大力发挥团队的作用。

4.12 科学家精神的养成需要从幼儿园抓起

仰望头顶这片存在了百亿年的星空，我们却从未停止过前进的脚步。正是科学精神的激荡，促使一代又一代人将探索宇宙奥秘的接力棒传递。科学是人类探索自然同时又变革自身的伟大事业，科学家是科学知识和科学精神的重要承载者。

近年来，陈鲸院士在国内相关领域作主题报告40多场，多次走进大中小学校园为青少年作科普讲座……让科学的光芒照亮孩子的童年。

“在60年的科研工作经历中，我深感创新思维的重要性。”陈鲸认为，科技创新基础在教育。学校教育要从初中、高中到大学，都把创新思维的训练作为重要的教学方式。

陈鲸进一步谈道，在学习和追求真理的道路上要达成三个“统一”，即学与思的统一、知与行的统一、述与作的统一，在继承前人成果和经验的基础上，深入地进行创新与实践。

“我们是长在红旗下的一代人，是党和国家培养了我们，奉献精神也早就烙进了我们这一代科学工作者的思与行中。”科学无国界，但科学家有祖国，爱国是科学家精神的第一要义。殷殷爱国情，拳拳赤子心。

在日常生活中，陈鲸院士常在思考，特别是对于做人、做事、做学问这三者的关系。“做人是首要的，如果没有为国家、人民、为党担当工作的情怀，纵使有天大的本事也是无用。做人要做高尚的人，有本事的人，成为‘四有’（有灵魂、有本事、有学识、有品德）科学人，特别是坚定地树立人生的核心价值观。”

同时，要富有激情。“一万年太久，只争朝夕”，在这个创新的时代，四平八稳做事是行不通的，一定要饱含激情。

此外，面对网络前的那么多“小小科学家”，陈鲸还提到学问之道，就是《中庸》所提的“博学之，审问之，慎思之，明辨之，笃行之”，“学问思辨行”五要素，其中任何一环缺失了都行不通。

“我认为，无论身处哪个年代与环境，价值观与世界观的从小培养都是科学精神养成的重中之重，甚至于要从幼儿园抓起，先有熏陶，才能孕育情怀养成的土壤。”他说道。

4.13 必须将科技创新和科学普及同步进行

强化国家战略科技力量，推进国家实验室建设，完善科技项目和创新基地布局；支持有条件的地方建设国际和区域科技创新中心，增强国家自主创新示范区等带动作用……在2021年的全国两会上，政府工作报告中有关科技创新的一系列新部署引发热议。科技创新，被提升到前所未有的地位。

“随着新时代的发展，技术发展非常快，社会现代化、数字化、网络化、智能化发展进程加速。如果国民科学素质没能跟上，也会影响国家与社会的发展进程。”陈鲸认为，在国家硬实力高速发展的同时，民众的软实力即科学素质，也需要同步提升，否则无法跟上时代步伐，必须要将科技创新和科学普及同步进行。在全民范围内进行科普教育是非常有必要的，要从幼儿园、小学抓起。

此外，需要分群体去观察。对于老年群体来说，一定程度上其思维已成定式，学习新领域知识难度较高，但给他们做一些科普教育很有必要，可以让他们通过生活实践，从自身能感受到的层面，去体会技术革新带来的生活便利；而青少年和中年人要成为“科学中国人”，推动国家与社会发展，首先就需要科学思维的养成，有思路才能开展研究工作，紧跟时代步伐。

陈鲸院士

陈鲸认为，每一个人，尤其是科技工作者要有担当，为区域发展做出自己的创新贡献。通过科普教育跟上时代步伐，使年轻人走在科技创新最前列。“这几年我也努力在为中学生进行航天科普教育，不仅提高了年轻人的学习兴趣，也培养了爱国情怀，激励青少年们为将来成为航天人而努力奋斗。”

4.14 21世纪的战场将是五维的战场

2017年7月13日，青少年高校科学营——电子科技大学分营特别邀请到陈鲸院士为营员们作科普讲座，陈鲸院士围绕太空高边疆控制利用与太空安全形势分析的主题，向科学营营员讲述当今国家航天事业所取得的辉煌成就及未来发展趋势，并鼓励营员们要发奋图强，肩负起振兴祖国的责任和使命。

陈鲸院士首先介绍了国际航天领域的起步与发展。他说，太空探索的不断深入推动着航天技术的不断发展，而卫星通信、空间武器、航天武器方面是其中最为重要的领域。航天技术不仅在军事方面有巨大作用，它还是国民经济的支柱。航天技术是国民经济不可或缺的一个“齿轮”，为国家带来了巨大的经济效益，助力计算机、农业等领域的发展。

陈鲸院士强调：“太空发展是人类求生存、求进步的需要，是历史的必然。”目前我国面临的太空安全形势是严峻的。他认为，21世纪的战场将是五维的战场，作战空间将向外层空间扩展，作战样式将有根本的变化，这对于我国的航天事业提出了新的要求。而后，陈鲸院士还介绍了目前太空生态环境，指出空间碎片的指数级增长已经对太空环境造成的巨大污染，并根据太空垃圾的分类，阐述了太空垃圾的未来发展趋势。此外，陈鲸院士对空间的安全状态进行了分析，对祖国未来航天事业的不断腾飞充满信心。

陈鲸院士作报告

陈鲸院士为青少年作科普讲座

讲座接近尾声，陈鲸院士给大家分享了他的系列书法作品，展示了他对祖国航天事业的崇高敬意和对青年一代肩负祖国繁荣富强重任的殷切希望。

通过这次科普讲座和陈鲸院士的悉心讲述，很多营员全面了解了祖国在航天领域方面所取得的成就，感受到了祖国在航天领域的强大，树立起投身祖国航天事业的决心。讲座结束后，许多营员拿着书本、帽子请陈鲸院士签名，陈鲸院士也送上寄语，期望他们努力学习，为国防建设做贡献。

4.15 见证了成都这座城市的沧桑巨变

进入21世纪，新一轮科技革命和产业变革正在重构全球创新版图、重塑全球经济结构，科学技术从来没有像今天这样深刻影响着国家前途命运，从来没有像今天这样深刻影响着人民生活福祉。

陈鲸从1963年大学毕业分配到成都工作，在这座城市工作生活已经有60个年头了，他不仅见证了我国电子工业发展的全过程，同时也见证了成都这座城市的沧桑巨变："我刚到成都的时候，处处都能感受到这座城市的古典气息。当时我还是坐着人力黄包车经过古朴的街道来报到的，没想到几十年后，成都已经变成了一座国际化的现代城市。"谈到来蓉60年发生的变化，陈鲸表示，成都这些年的发展确实特别快，很多大型科研机构、研究院所、校企合作企业都选择在成都落户。这就说明成都的工作环境和生活环境非常好，尤其是科研环境越来越好。"在成都工作了60年，我感到成都大有希望。"

成都高校院所资源丰富。在成渝地区双城经济圈这样的发展大势之下，具有全国影响力的科技创新中心加快建设。目前，众多500强企业来成都落地，以及国内外科研机构来四川落地，共同进行创新开发工作。

至于如何引进国内外的顶尖技术落地四川，陈鲸提出有三点很重要，即机制体制、科研环境以及吸引人才政策。“人才是第一资源，成都科技创新人才丰富，如何持续吸引国内外顶尖人才来蓉工作是重点。”

4.16　50载学术生涯的感悟

陈鲸致力于信息与通信工程系统领域研究近50年，始终沉醉于科研求真的乐趣，在学中干、在干中学，学以致用，持之以恒，取得了突出的成绩。特别是在基础专题技术设计研制领域实践20余年，在空间信息获取与处理系统工程设计研制领域工作近30年，陈鲸认为：前20年是打基础阶段，是一个知识积累、经验积累的过程。一定要耐得住寂寞，不要被急功近利所干扰，不要被所学书本专业所束缚，要静下心来，认认真真地学，踏踏实实地做。后30年可以说是厚积薄发、三个“十年磨一剑”的过程。探索的目标是一个接着一个的，永无止境！因此，必须有“心无界路自远！追求卓越无限！”的胸怀与永往直前的科学精神！

而在攀登科学技术高峰中，追求卓越是时代要求，是一种情怀，是一种永不满足的理念，是一种崇高的学术境界。陈鲸在科研实践中的思想和感悟将为广大科技工作者提供有益的启迪：

第一，坚定理想，报效祖国，是科技工作者实现人生价值的基础。只有在爱国精神的指引下，时时处处以国家需求为己任，不断践行科技报国的理想，科技工作者才能在长期的工作中耐得住寂寞，不断攻克难关，为推进中国现代化建设事业做出应有的贡献。

第二，为人应正直诚实。要做学问，首先要学会做人，要始终把国家需求作为自己的人生追求。一个优秀的科技工作者必须德才兼备，只要工作需要，即使多次调动岗位、变换专业，也要始终不渝地干一行，爱一行，钻一行。只有这样才能给自己创造更多的工作实践机会。当然，作为领导或课题负责人，在条件许可的情况下，还是要用人所长，尽量做到专业对口。

第三，团队精神是当代科技工作者的必备素质，在实际工作中，要甘当配角，服从工作需要。主角与配角是相对的，在一定条件下是可转化的。配角经过实践锻炼可能成为主角，主角能不能继续当主角，还要靠不懈的努力。从另一个角度，在自己承担的子课题中是主角，但在大的课题中可能就是配角。因此，在实践中，要甘当配角，积极实践，互相学习，取长补短。而作为团队带头人，则要自觉育人，为人才的成长当好铺路石。

第四，要处理好现实任务与预研项目的关系。作为一个单位，要创一流研究机构，不搞好预研，就没有发展的后劲，无法面对国内外同行的竞争。作为一个科技工作者，只有认真完成现实任务，又积极参加预研任务，才能保证工作的持续发展与创新。要搞好现实任务，就要自觉瞄准国家需求，切实攻克有关关键技术，尽快研制出一线急需的、管用、好用的装备。在预研项目和大型工程项目实施中，就要针对预研中技术前沿核心技术和系统集成中已突破的关键技术，潜心研究、精心设计、精心施工。在这些研究与研制工作中，因为周期长，短期内可能不会产生实际成果，更要以良好的心态正确对待，不要被急功近利所诱惑，要耐得住寂寞。

第五，要处理好书本知识与工作实践的关系。工程哲学辩证思想非常重要，书本知识是正确开展实践的基础，但书读得再好，都不能算是自己完全掌握的知识，更不能等同于自己的实际能力，必须要有一个学习—实践—再学习的过程。只有勇于实践，敢于实践，善于实践，才能在知识积累和实际工作能力上，不断实现自我提升和跨越。

第六，做学问讲究的是“勤”和“苦”。成功秘诀有五点：其一，工作比他人都努力；其二，永远赶紧做；其三，学习并认识你正在做的事；其四，永远处于做好准备接受新任务的状态；其五，决不放弃。要把终身学习看成自己的职业义务。你的经验越丰富，学习得越快，你就能更有效地解决棘手的问题。你的学术地位越高，相对要求的知识面也越宽。你今天的知识积累不仅与目前的工作有关，还会为将来你达到更高的技术状态做准备。

4.17 热爱科学，也热爱书法

作为中国工程院院士，陈鲸热爱科学是毋庸置疑的，但人们也许不知道陈老对书法的热爱也是“如醉如狂”。在参加院士专家进校园活动时，经常看到陈老在科普讲座的间隙，现场为同学们挥毫泼墨，满足同学们的愿望。在去陈老办公室拜访他的时候，他提前为我写好了好几幅字，然后热情地解说于我，再写上跋语。在陈老的大办公室里，书柜上、桌案上随处可见他的文房四宝和书法作品，在他接受记者采访后也会满足记者乞一幅字的愿望。

每逢元旦、春节等节日，人们通常把现成的表情图片转发表达祝福，然而，年过八旬的陈老都是自己设计特制书法作品，让人十分喜爱，每次给我发来，我都一一珍藏。在我与陈老一个上午的谈话中，内容主要是两个方面，一个是搞科研做学问，另一个是讲书法之道。陈老充满激情地给我讲述练习书法的意义和好处，真诚地建议我有空练练书法……

陈鲸院士与编者

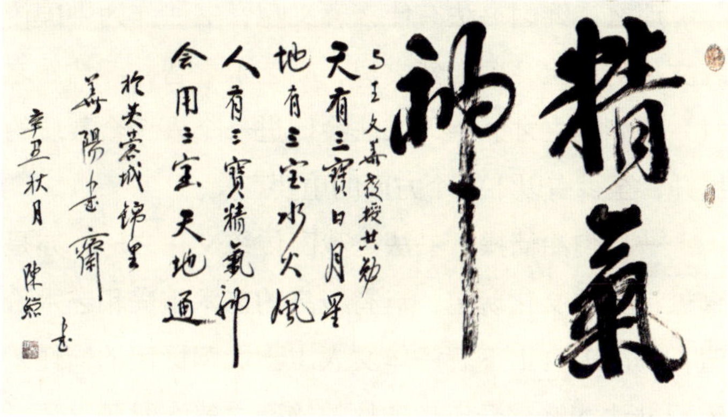

陈鲸院士为编者题书

陈鲸院士给编者的新年贺卡

我们通常的理解是，所谓书法，就是中国及深受中国文化影响过的周边国家和地区特有的一种文字美的艺术表现形式，是中国汉字特有的一种传统艺术。

那么，练习书法有什么意义呢？书法作为中国传统文化的瑰宝，蕴自然之灵，凝艺术之智，养浩然之气，积渊博之才。练习书法会促进一个人综合素质的提升，至少有以下五个方面的重要意义。

一是陶冶情操。书法是我国传统文化之一，亦是享誉世界的文化瑰宝，具有极高的艺术审美和艺术价值，书法蕴含上下五千年文人志士忧国忧民的情怀。练习书法能够感受历代碑帖的磅礴之气、君子之风，是培养爱国精神和爱国情怀的重要途径。练习书法既可以增强民族的认同感、自信心，也可以将我国传统文化发扬光大。

二是开发智力。书法能够平衡人的大脑运行，练习书法是一个动态过程，需要大脑指挥，手和眼睛共同配合，需要大脑的左右半球同时获得发展并增强协调性。

三是增强自信。练习书法需要时间的保证，在这个过程中需要静下心来，需要集中注意力，需要持之以恒的耐心，在坚持不懈地努力下，往往会让一个人的心性得到磨炼，愈加自信，愈加坚定。

四是修身养性。书法写作时宁心静气、心态平和，在临摹字帖时仿佛与古人对话，颜真卿的庄重正义、苏轼的恬淡豁达以及宋徽宗的郁郁苦闷等，不仅增添了知识储备，无形中也沉淀了自身的品性。

五是提高审美。书法之美不仅在于方寸之间，书法作品中的精义更是知识的不断积累、视野的不断提高，从而提升自身的艺术水平和艺术鉴赏能力。鲁迅先生说过：“中国文字有三美，意美以感心，音美以感耳，形美以感目。”青少年时期是培养审美能力的重要时期，字体美、风骨美、意象美的书法作品会启迪熏陶一个人的审美能力。

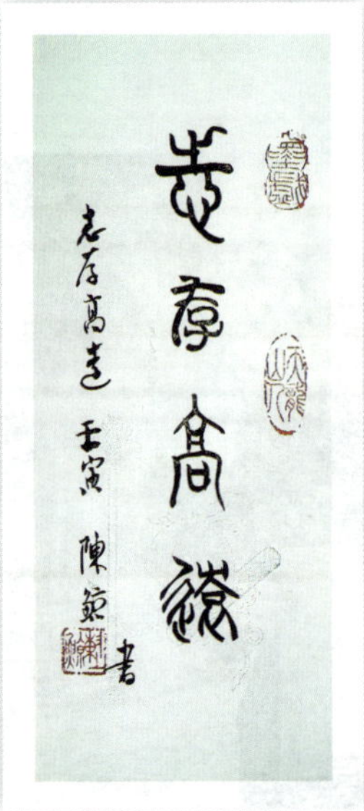
志存高遠
志存高遠
壬寅
陳鯨
書

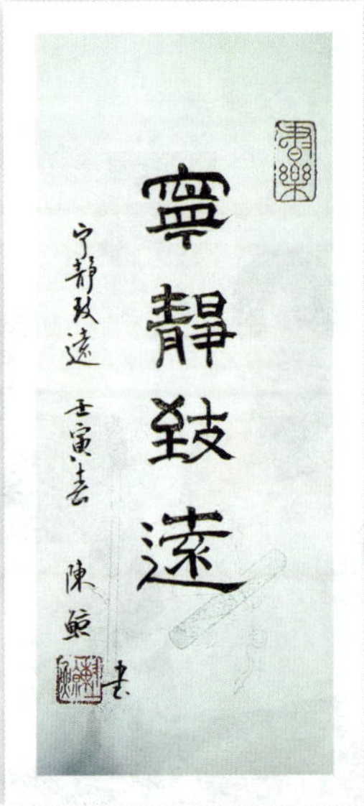
寧靜致遠
宁静致远
壬寅春
陳鯨
書

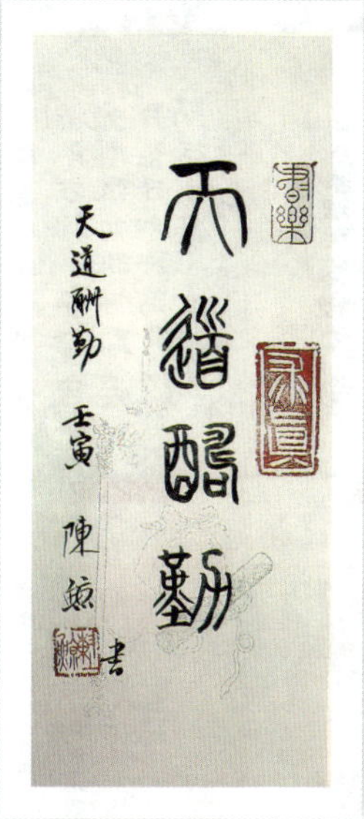
天道酬勤
天道酬勤
壬寅
陳鯨書

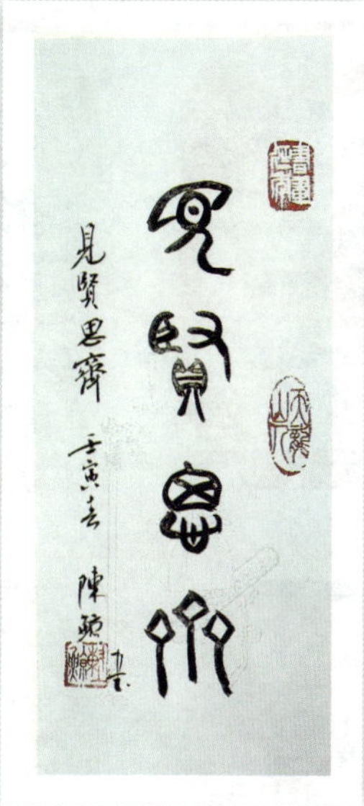
見賢思齊
見賢思齊
壬寅書
陳鯨

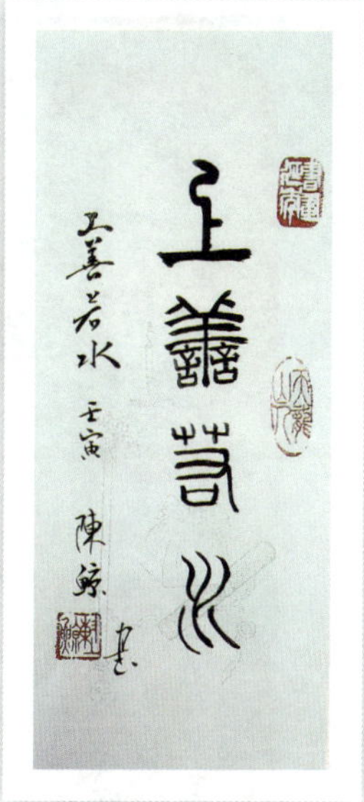
上善若水
上善若水
壬寅
陳鯨書

海納百川
海纳百川
壬寅
陳鯨書

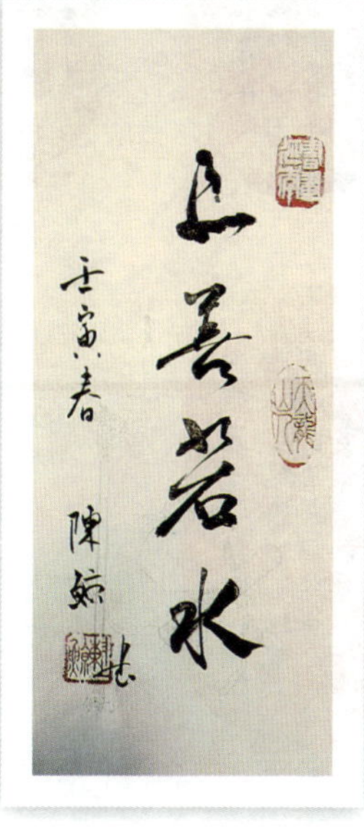
上善若水
壬寅春
陳鯨書

契而不舍
契而不舍
壬寅書
陳鯨

日照香爐生紫煙遙看瀑布掛前川飛流直下三千尺疑是銀河落九天
半畝方塘一鑒開天光雲影共徘徊問渠那得清如許為有源頭活水來
海上生明月天涯共此時情人怨遙夜竟夕起相思滅燭憐光滿披衣覺露滋不堪盈手贈還寢夢佳期
故人西辭黃鶴樓煙花三月下揚州孤帆遠影碧空盡唯見長江天際流
獨坐幽篁裏彈琴復長嘯深林人不知明月來相照
咬定青山不放鬆立根原在破巖中千磨萬擊還堅勁任爾東西南北風
少年易老學難成一寸光陰不可輕未覺池塘春草夢階前梧葉已秋聲

陈鲸的书法作品节选

4.18　乡亲难忘，寄语青少年

2006年12月，菊香时节，记者在安庆迎宾馆采访了陈鲸院士。寒暄过后，见记者掏出本子和笔，老人执意让记者坐到办公桌后的沙发椅上以便于书写，而他自己却拉来一把椅子倚坐在桌旁。这种“喧宾夺主”的坐法，让记者深感不安，也深有感触：这是一位学术精湛而又随和可亲的大家！

“30多年没回来了，感觉家乡变化巨大。参加安庆一中校庆后，要回老家怀宁高河看看，扫扫墓，看看侄儿与老邻居。”回到家乡，陈鲸倍感亲切，话语中充满浓浓的乡情。他告诉记者，大学毕业后他在成都工作了43年，但作为安徽人，乡情难忘。他经常查看家乡的网站，了解家乡的变化。陈鲸还深情回忆了在安庆一中上学的日子。他说，安庆一中具有深厚的文化底蕴和光荣的革命传统，这也极大地激励与鼓舞了自己。

2017年9月12日下午，应合肥工业大学党委学生工作部、计算机与信息学院的邀请，陈鲸院士回母校同计算机与信息学院的师生进行交流，并在翡翠湖校区图书馆报告厅为600余名学生代表做了题为“太空高边疆控制利用与太空安全分析”和“科技创新实现强国梦——追寻我的青春梦与行”的学术报告，学校及学院相关领导、老师出席报告会。

报告会上，陈鲸院士介绍了我国地球遥感观测、全球定位系统的现状，并就太空安全形势进行分析，由浅入深地引出太空对抗，在中俄太空安全的问题上，陈鲸将很多晦涩难懂的原理通过举例的方式展示出来，加深了大家的理解。陈鲸还对我国太空安全现状与需求分析、美国太空对抗技术发展应用与对策进行了详细系统的阐述，并将抽象的问题引入与生活相关的层次上。陈鲸的报告内容丰富，层次分明，富有感染力。同学们就交流的论题提出各种问题，陈鲸都耐心解答，大家纷纷表示受益匪浅。最后，陈鲸希望同学们能够秉承“学习一生、战斗一生”的信念，成为“有灵魂、有本事、有品德、有血性”的国家栋梁。

2021年9月22日上午，陈鲸院士应邀再次回母校管理工程学院讲学，围绕大数据产业的发展做了题为“数据挖掘、智能预测与大数据分析”的报告。陈鲸指出，当前信息技术的快速发展对大数据应用管理及信管相关专业人才有着迫切的需求，相关专业的建设应紧密结合科技发展与行业应用的需求，突出专业培养特色，创新人才培养模式，推动人才培养质量持续提升，培养学生成为服务社会的高素质应用型人才。

2020年正值国庆来临之际，陈鲸院士向家乡青少年深情寄语，勉励青少年要奋力拼搏，投身高质量发展。

安庆市共青团院士寄语情——与家乡青年同志共勉

伟业在于拼搏，路遥尚须求索，人生自信二百年，会当击水三千里，博观约取，厚积薄发，自强不息，积健为雄，此时不搏何时搏

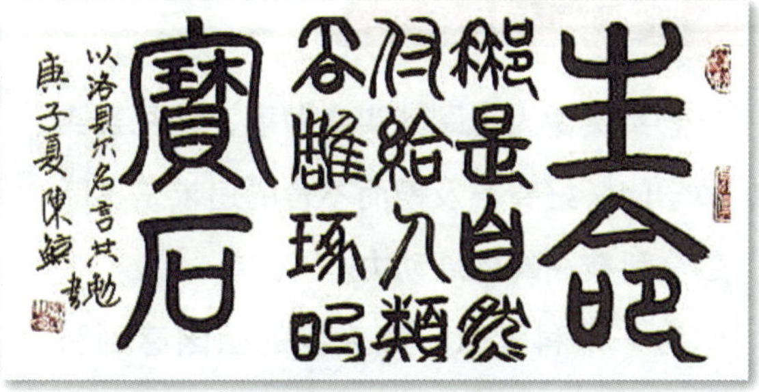

生命，那是自然付给人类去雕琢的宝石

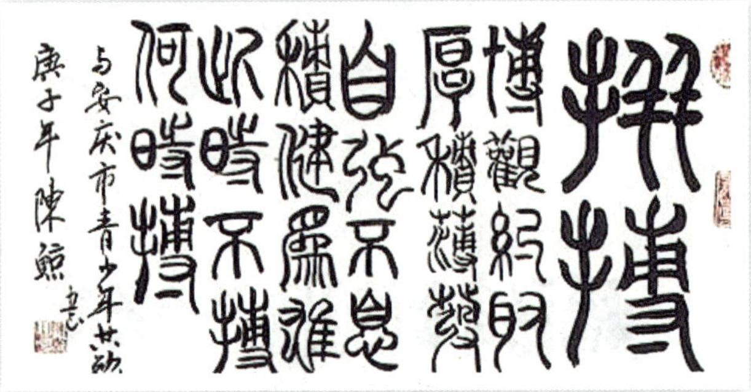

博观约取，厚积薄发，自强不息，积健为雄，此时不搏何时搏

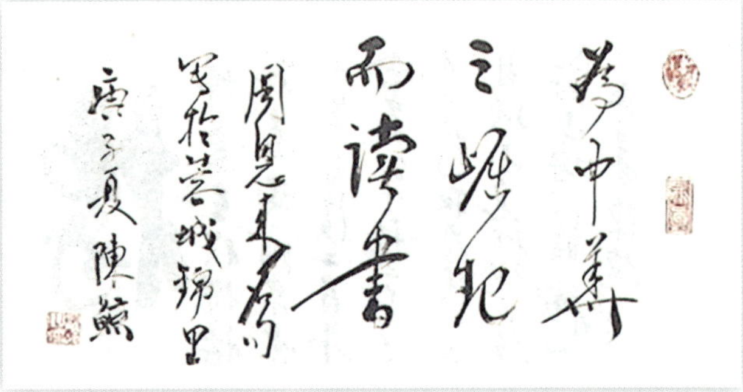

为中华之崛起而读书

◎陈鲸院士语录

老老实实做人，踏踏实实做事，扎扎实实做学问。好奇心及锲而不舍的追求是不断攀登科技高峰的原动力。

作为一个科学家，我为我的祖国感到骄傲；作为安徽人，我对家乡感到自豪。

航空强国

中国科学院院士杨伟的故事

◎ 院士简介

杨伟

杨伟，1963年5月出生，四川资中人，飞行器设计与飞行控制领域专家，中国科学院院士。1982年毕业于西北工业大学飞机系空气动力学专业，获工学学士学位，1985年毕业于西北工业大学空气动力学与飞行力学专业，获工学硕士学位，同年分配到成都飞机设计研究所工作。历任成都飞机设计研究所研究员、研究室主任、副总设计师、副所长、所长兼总设计师、党委副书记、中国航空工业集团公司副总工程师。现任中国航空工业集团有限公司党组成员、副总经理、中国航空工业集团公司科技委副主任、中国航空研究院副院长。

杨伟长期从事战斗机的设计与研发工作，是我国新一代歼击机电传飞控系统的组织者和开拓者，先后担任歼-10系列改进型歼-10双座型飞机总设计师、“枭龙”飞机总设计师、歼-20飞机总设计师，为我国航空科技和武器装备发展做出了突出贡献。先后当选第十二届全国政协委员、中国共产党第十九届中央委员会候补委员、第十三届全国人大代表、中国科协第十届全国委员会副主席等。

先后获得国家科技进步奖特等奖1项、二等奖1项，国家管理创新一等奖1项，国防科技进步奖等奖项13项；获得“全国先进工作者”“全国先进科技工作者”“全国五一劳动奖章”“全国创新争先奖章”“中国青年五四奖章”“国防科技工业杰出人才奖”和“航空航天月桂奖风云人物奖”等荣誉；获得巴基斯坦总统亲自颁发的“卓越之星”国家荣誉勋章。

5.1 打脸盖茨的天才战机设计师——杨伟

2022年新年伊始，一部空军多型战机高燃开训大片刷屏！然而，很多人可能不知道，2009年，时任美国国防部长罗伯特·盖茨曾在一次讲话时傲慢地说：“中国空军2025年都造不出隐型战机！”可就在短短一年多之后，2011年1月11日，罗伯特·盖茨在中国访问时，被中国成都飞机制造厂正在发生的一件大事狠狠地打了脸！同一天，一架编号为2011，外型庞大、漂亮，从来没有人见过的超级战机，突然在成都完成了试飞！这架超级战机宣告了中国人的隐形战机

“歼-20”正式诞生，一举将人民空军带入最先进的隐形战机时代！这一消息几乎震惊了全世界！

美国国防部长罗伯特·盖茨访华，尽管分歧重重，双方仍达成诸多共识，向外界发出了两军交往的积极信号。理智、低调的中国航空人按照科研工作的规律，志笃行稳，在为国防现代化的矢志奋斗中，用坚韧和才华，写下历史的新篇。当晚我国国防部发言人已正式说明，系正常工作安排，不针对任何国家，也不针对盖茨访华。盖茨后来在自己的书中写道：“歼-20让美情报部门无地自容！”

2021年，“歼-20”整整11岁了！在我们一次次为它惊艳和欢呼时，我们不能忘了一个人，他用长达几十年的心血，和一群默默无闻、无私奉献的航空人一起，创造了翱翔天宇、守卫14亿中国人安全的一架架战机！

他，就是歼-20隐形战机总设计师、歼-10改总设计师、“枭龙”总设计师，同时也为“枭龙”双座、歼-10A、歼-10B、歼-10C做出突出贡献，被誉为“天才总师”的中国科学院院士杨伟。

歼-20的横空出世震惊了国际，一举成为当今航空界、军事界最耀眼的明星！随着歼-20战机的有限解密，“歼-20之父”杨伟如今已经成为国人的偶像。他讲述自己的成长经历时，“中考两个星期后就参加了高考”也曾引来网友一片膜拜。

1978年，15岁的杨伟考入西北工业大学，是那一届空气动力学专业年纪最小的学生。1985年，年仅22岁的杨伟硕士研究生毕业，进入成都飞机设计研究所。从此，歼-10飞机，歼-10系列改进型飞机，“枭龙”飞机以及歼-20相继研制成功，我国新型战机齐飞共舞走进了新时代。然而，对于杨伟来说，研制新型战机虽然是一件十分光荣的事情，可是技术难度巨大，尤其是从无到有的过程，需要倾注所有心血，实属不易。那么，在战机研制的过程中，杨伟遇到的最大阻碍是什么呢？它又是如何攻坚克难、完成任务的呢？

1985年，杨伟（左一）入党当年去延安学习

1989年，杨伟去香港学习

罗时钧教授

5.2 “天才总师”的“开挂”人生：15岁考大学，22岁研究生毕业

1963年5月，杨伟出生在天府之国四川资中的一个普通家庭。杨伟从小就表现得和普通孩子不一样，他很小的时候就能够开口说话，理解学习能力非常强，在别的小朋友还只是一个字一个字地表达时，他已经能够完全表达出自己的意思了。杨伟很小的时候就展现出他过人的计算能力，3岁时，他就能熟练进行100以内的加减法。后来在求学的时候，杨伟的学习天赋更是被众人发现，他在数学上的天赋尤其突出。

杨伟所在的普通家庭，十分支持杨伟的学习，特别是在经济上，给杨伟提供需要的学习资料和营造更好的学习环境。

上了小学之后，杨伟的聪慧更加突出。在课堂上，老师只要提问，杨伟总是能第一时间给出正确的答案，甚至比书本上标注的标准答案更创新。这点让老师们都非常喜欢杨伟，并且每个人都对他寄予了厚望。杨伟即使知道自己天资聪颖，也没有自视甚高，

而是做到静下心来去学习，且永远保持一颗积极向上的心。面对不会的知识，他会反复学习，反复理解，直到自己都弄懂为止。杨伟中考的时候，六个科目中只有一门考了99分，其他五门全部满分（100分）。

正好赶上国家开始恢复高考，如此优秀的孩子，尽管还是一个初中学生，老师还是鼓励他去参加高考，于是15岁的杨伟刚刚中考完，并且在仅差一分就满分的情况下，申请破格参加高考，居然真的被同意了。

杨伟年少时的梦想是成为一名飞行员，希望驾驶着炫酷的战斗机在蓝天中翱翔，在国家有危险的时候保护我国的蓝天。

1978年夏天，我国恢复高考的第二次考试，15岁的杨伟与全国610万考生走进考场，但是大学的数量只有那么多，可见竞争之激烈。然而对于这个年仅15岁的少年而言，他在刚刚参加完中考的两个星期后就参加了这次高考，并且考出了极其出色的成绩，只差了清华大学、北京大学和中国科技大学少年班一两分，与清华、北大等名牌大学失之交臂。

对于这样聪颖的学生，清华、北大也想过要破格录取。但是，当杨伟体检发现自己是色弱的时候，因为自己报考的专业设置的限制，无奈只能被拒绝，而且由于色弱，杨伟填写的前六所大学都未能录取他。

然而，这也成就了他与战斗机的缘分！本以为此时上大学无望的杨伟，只好收起了希望上大学的心，打算继续上高中了，并且已经在重点高中上了一个月，却突然收到了来自西北工业大学的录取通知。原来，当时西北工业大学招生的老师看到杨伟的高考成绩后很是惋惜：这孩子分数很高，但是体检结果不合格：色弱！实在是不忍心看到这样一个天才少年流失，便询问了西北工业大学负责招生的老师，看看有什么补救措施，关键时刻，一个人的一句话改变了杨伟的命运。

后来，杨伟才知道原来是大名鼎鼎的航空学家、系主任罗时钧教授拍的板：招啊！我本人就是色弱，让这个孩子到我这个班里来！原来色弱也是可以学习的。罗时钧教授是我国著名科学家钱学森在美国培养的第一位博士，幸亏有罗时钧教授的坚持，通过严格的考察，杨伟终于以优异成绩被破格录取，从此与航空结下不解之缘。

杨伟拿到西北工业大学飞机系的录取通知书，便开开心心地收拾好书包，和同学们说了再见，开启他的大学生涯。就这样，年仅15岁的杨伟成为空气动力学专业年龄最小的大学生！就这样，热爱航空事业的杨伟，从初中毕业开始，就为了国家航空事业的发展而奋斗。

40年后，已是院士的杨伟在一次演讲中感叹道："我是1978年考入西工大飞机系空气动力学专业。说实话，能够参加高考实属幸运，正好赶上了改革开放恢复高考的变革年代，被西工大录取更是机缘巧合……我是何等的幸运。"

在西工大的学习中，杨伟没有了考学的压力，他的学习之路一路绿灯，在他的手中，复杂的飞行设计都是十分简单的课程，不再只是枯燥的知识，学习成绩优秀的他也是轻而易举就可以得到奖学金。

杨伟门门功课优秀，成绩极为优异，1982年本科毕业之后更是直接被西工大的空气动力学与飞行力学专业录取，继续攻读硕士学位。1985年22岁的杨伟研究生毕业，投身于航天航空设计工作，以坚忍、勤奋、努力的原则贯彻始终，展现出极高的天赋。2000年，年仅37岁的杨伟已经成为我国航空工业历史上最年轻的飞机总设计师。

5.3 航空史上最强班级：西北工业大学5381班

被誉为“国防七子”之一的西北工业大学不仅向杨伟抛出了橄榄枝，破格录取了杨伟，并且让他就读西工大的王牌专业空气动力学，班级编号5381班：5代表5系——飞机系，3代表专业——空气动力学，8代表78级——1978年入学，1代表班号——当年该专

业只此一班。多年后，杨伟所在的班级被网上的军迷们戏称为“航空专业史上最牛班”，这个班为中国培养了三位著名的飞机总设计师，分别是歼-20总工程师杨伟、运-20总设计师唐长红、歼-15常务副总设计师赵霞。其中前两位已经是院士，杨伟是中国科学院院士，唐长红是中国工程院院士。这个班里还有名气甚大的余俊雅、刘行伟等各型飞机设计总工程师。更有趣的是，杨伟和唐长红二人住同一宿舍，先在11舍140室，一年后搬到二楼的213室。可惜，11舍已经被拆掉了，一班一舍竟出了两位大师！

杨伟是一个不折不扣的学霸，怀着满腔的热血，22岁投身飞机设计工作。他设计过歼-10、FC-1枭龙战机，而且还是歼-20的总设计师，是我国最年轻的飞机总设计师之一。2018年9月26日，杨伟院士走上CCTV《百家讲坛》“我们的大学”栏目，讲述了他在西北工业大学的学习经历，他讲道：

上大学，我们班是5381班，也就是5系3专业78级1班，班上的同学来自五湖四海，年龄参差不齐。我们班长的年龄是我的年龄乘2再加个2。那时候，同学们天天比的就是谁的理论玩得深，谁的习题做得多，大家学樊映川的《高等数学讲义》，我还要学江泽坚的《分析数学》，做吉米多维奇的习题集。为了有更多的时间学习，有的同学清晨翻墙进入教学区，有的买个小灯泡儿深夜在床上看书。学校组织我们到外地风洞实验基地、飞机设计所、飞机制造厂实习，还安排我们下车间，进行车床的实际操作，我逐步对工程更感兴趣，对解决实际问题更加入迷。老师们春风化雨，润物无声。那时候专业课没有现成的教材，老师们就自己写，自己印，或者直接采用英文版的教材。我记得我们空气动力学学的就是英文原版的*Fundamentals of Aerodynamics*（《空气动力学基础》）。

我们后来的系主任张忠英老师，以及乔志德、高浩等好多老师，他们不仅毫不保留地给我们传授知识，解疑释惑，更用他们热爱科研、热爱教学的行动，潜移默化地培养我们的志向，锤炼我们的意志，塑造我们的理想。特别是我的研究生指导老师王建培先生，更是指导和培养了我用理论解决实际问题的方法与习惯。我想说，在母校学习的岁月，伴随着青春活力和真挚友情，成为我茁壮成长的基石。

杨伟院士还讲道：

除了我，我们班还培养了两位飞机总设计师，一位是歼轰-7A和运-20大型军用运输机的总设计师唐长红院士，我们俩还是一个屋儿的，还有一个是歼-15舰载机常务副总设计师、某型改进型飞机总设计师赵霞，是位女同学，所以我们班被网友们称为“航空专业史上最牛班”。其实，我们班还有一个总工程师，他在空军工作，主要负责新型武器装备的论证。这些年来，西工大秉承“公诚勇毅”的校训和“三实一新”的校风，为国家培养了一大批卓越的人才，他们遍布祖国各行各业，为国家的建设发展做出突出的贡献。

杨伟的室友唐长红，1959年生，陕西蓝田人。1982年毕业于西北工业大学空气动力学专业，入职位于阎良的第一飞机设计研究院。先后参加“飞豹”、运7-200A等型号研制和MPC-75、AE-100等民机项目工作，积累了丰富的工作经验，锻炼了领导才能。1999年JH-7A立项。2000年，他受命任该型号总设计师。同年9月26日，完成国内第一架全机电子样机设计。接着，在国内首次实现飞机三维设计和电子预装配，从传统设计方法一步跨越到数字化、并行化国际水平。随后，他组织带领86个参研单位，仅用常规研制周期的一半时间，完成飞机研制，并批量装备部队。

2007年2月26日，中央决策批准大飞机重大科技专项，含军民两型，即Y-20大型运输机和C919干线客机。唐长红被任命为Y-20总设计师。经6年研发，到2013年首飞成功；2015年，转场南北，试飞定型；2016年6月，交付使用；再到2017年7月6日，授装接装正式服役。经历9年奋斗，“鲲鹏”展翅，“胖妞”（国人对运-20的昵称）出阁，中国拥有了自己的“大运”，跻身世界上少数几个能自主研制200吨级大型飞机的国家之列。

唐长红是深孚众望的总设计师，他质朴而坚韧，忠厚而睿智，热情而谦逊；他既有学者风范，又有人文情怀。在院士里，他是小字辈；在运-20团队里，他是老大哥。当年，“飞豹”改进型战机研制中，以唐长红为首的技术线，就以决断的勇气和巨大的魄力，力推全机级数字化设计，成为CATIA（Computer Aided Tri-dimensional Interface Appliaction，计算机辅助三维交互应用）V5领先使用者及其功能扩充与完善的实践者和开拓者，获得巨大成功，赢得CATIA创建人弗朗西斯·博纳德的尊敬。

如今，在大运项目中，更是把数字化、信息化的深度和广度提到全新水平；对保证设计质量、缩短研制周期，以致在更大规模上实现设计制造一体化、改进组织、优化流程，产生了决定性的作用。此外，唐长红身先士卒攻克伺服颤振难关，带领团队研制出世界水准的大型“铁鸟”试验台，组织突破多项核心与关键技术，可谓成就卓著，功勋赫赫，被记入中国新军机的研制史册。

歼-15副总工程师赵霞是航空工业沈阳飞机设计所的副总工程师，航空战线一位女中豪杰，她参与了多项飞机的研制工作，领导了某重点型号飞机的研制工作。这项工作的技术风险大，赵霞在工作中被称为

“拼命三娘”。2000年春天，赵霞成为沈阳所建所40年来的第一位女副总设计师。赵霞正是1982年从西北工业大学空气动力学专业毕业的，也是杨伟和唐长红5381班的同班同学。她做出的贡献有口皆碑，在全新项目中的矢志攻关，令我们充满新的期待。

5381班还有一对夫妇陈鹏和郭鸿生，选择了另外一条道路，这是一条多数人不熟悉、也未必有勇气去尝试、预知结果的艰辛之路。夫妇二人唱随互励，比翼齐飞，经历20余年的奋斗，获得成功。他们找到了另外一种投身航空、报效祖国的方式。在完成初始积累后，他们创建了自己的华凯投资公司，此后，事业越做越大，成为业界颇有名气的实业家、企业家、投资家。近年来，两位大展身手，拓展活动范围，干得风生水起，且业绩斐然。条条道路通罗马，行行皆可创伟业。陈鹏和郭鸿生二人用另一种方式，同样做出特殊而巨大的贡献。

2013年唐长红院士接受采访时说：“我们班34个同学，每5年一聚，一直坚持到现在，相互之间很少谈论生活，大部分谈的还是技术发展。”

杨伟院士在一次演讲结尾时寄语未来的大学生说：

我们离开母校以后，母校仍然时刻关注着我们，支持我们。当我们取得成绩的时候，母校和校友们会欣喜地祝贺我们。当我们遇到困难、遭到挫折的时候，母校和校友们会无私地帮助、鼓励我们。我也是只要一有机会，就会回学校参加学术会议、研究生答辩，还参加本科生、研究生的毕业典礼，为他们拨穗。我同母校的感情纽带是割不断分不开的。电视机前的同学们，我觉得你们是更加幸运的，幸运在你们现在处在一个伟大的时代，要实现中华民族伟大复兴这个伟大的梦想，将有多少伟大的工程需要你们去建设，你们将迎来国家快速发展、自身大有作为的大好的时代。现在的大学学习、研究、生活的条件有了极大的提升，特别是像西工大这样的大学，集合了一大批优秀的老师，他们既有雄厚的学术基础，又有丰富的教学经验。不仅擅长教书，更注重育人。现在你们在大学将结识许多优秀的同学，相互交流，相互学习，能够让你们更加自信，更有创造力。大学不仅是学习的场所，更是我们心灵和情感的港湾。

我希望大家进入大学后，要坚定理想，锤炼品格，努力学习。离开学校后，要不忘初心，报效祖国，勇毅担当。我也希望校友们能经常回母校看看，看看老师，会一会同学。我想，我们大学同学的情谊是人生中最值得珍藏和珍爱的，西工大是我航空梦想开始的地方。

我研读了西北工业大学5381班的文献资料，对他们更肃然起敬，最让我感动的是：他们不变的航空强国情怀。正如陈鹏所言：不忘初心，牢记使命，航空强国是我们这代人一生的追求，不为名不为利，只为实现心中的梦想。

5.4　发现伯乐宋文骢，助力歼-10研发开启非凡人生

网上有一句话说："与智者同行，你会不同凡响。与高人为伍，你能登上巅峰。"1985年，22岁的杨伟硕士研究生毕业，本还想继续攻读博士学位，甚至已经办好了出国留学护照，只等出国签证一出就启程到国外。而宋文骢和歼-10战机的上马，让杨伟坚定了投身航空事业的决心！他毅然放弃已经分配好的工作，坚持要到成都飞机设计研究所工作。当时中国的军工行业并不景气，别人劝他，他却坚决地说：我就是冲着歼-10去的。

很多人总希望能有伯乐发现自己，其实伯乐是需要自己去发现的，故有“千里马常有，伯乐不常有”。杨伟曾在接受媒体采访时透露，当年选择留在中国，扎根中国的航空事业，是因为宋总说的三个字——别走了。

杨伟说的宋总便是日后被他亲切地称呼为“老头儿”的，也是在中国战机设计领域有着举足轻重地位的中国工程院院士宋文骢。宋文骢（1930—2016），云南大理人。中学时代，加入共产党外围组织，17岁参加革命，成为游击队员。1949年，19岁的他成为云南边纵部队的一名侦察员。在云南和平解放过程中，他冒险传送情报，立下战功。1954—1960年在哈尔滨军事工程学院学习，毕业后走上了飞机设计的岗位。20世纪60年代初，宋文骢和同志们一同首创中国飞机设计第一个气动布局专业组，并担任组长，开始了对飞机新式气动布局的深入研究。他在航空工业战线奋斗了50载，先后参加过东风113号机、歼-7、歼-8、歼-9等多个型号研制。1984年4月，他担任总设计师的歼-7C首飞成功。其后，他担任歼-10总设计师，带领科研队伍，历经数十年奋斗，成功完成研制任务，为我国战斗机实现跨代升级做出卓越贡献，被尊称为“歼-10之父”。宋文骢经历传奇，魅力独特，淡泊

宋文骢院士

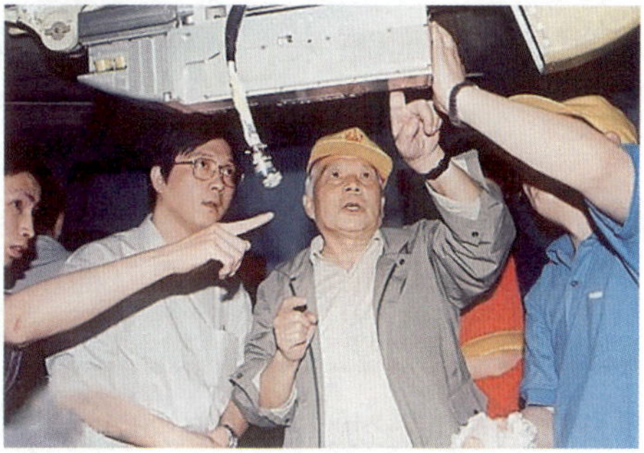

宋文骢院士和杨伟在现场

名利，作风民主，提携后辈，风趣幽默，深受大家的爱戴。

杨伟进入中航成都飞机设计研究所，遇到了影响自己一生的人，可谓杨伟的导师、伯乐。刚入职的杨伟直接跑到宋文骢面前，说要当他的助手，宋文骢喜欢年轻人的冲劲与魄力，也可能看出了杨伟在飞机设计上表现出的天赋和灵性，就答应了杨伟的请求。果然在此后的接触中，杨伟的潜力爆发出来，也证明了宋文骢的眼光相当犀利。后来，宋文骢还为挽留人才特地找了杨伟深入谈话。

杨伟被宋文骢破格提拔成为助手，这在业内相当于同意拜师学艺了，杨伟后来也成长为宋文骢的得意关门弟子。宋文骢非常愿意让年轻人大胆尝试、放手试验，在他看来，试错是给予年轻人快速成长的捷径。

在宋文骢总设计师的带领下，杨伟全身心投入歼-10战斗机的研发中，一边辅助歼-10战机等新战机的研发，一边学习飞机设计的新知识。凭借出色的能力和充沛的干劲，杨伟在加入成都飞机设计研究所五个月后就被委以重任，被任命为研究组组长，专门负责歼-10关键技术“数字式电传飞控系统的研制”，这个系统是研制歼-10的重要环节。在当时受到外国先进技术封锁和外国多次研发失败事故的阴影下，杨伟没日没夜地扎进研究中，吃睡经常都是在研究室解决，经过杨伟和团队的不断钻研与努力，最终，在克服无数个难题后，1996年3月，杨伟在零经验、零参考的情况下，以短短一年的时间成功研发出电传飞控系统，一举创下了世界电传飞控系统的奇迹，为歼-10设计的重要环节做出了突出贡献。此外，还成功开发出监测系统，直接为我国歼-10战机的研发省下巨额经费。

“杨伟这个同志只要目标明确，不管遇到多大的困难，他都会充满信心、义无反顾地去努力实现。”宋文骢总工程师对杨伟满怀自信、坚韧不拔的精神赞赏有加。杨伟总是在勇迎挑战、攻克难关、收获成功、再迎挑战的过程中，稳扎稳打地彰显人生价值。

杨伟虽年少成名，但是从不骄傲，他的成就并不全靠自身的天赋，所有的成就都有他不懈的努力，他还因为一颗爱国之心，为我国国防力量、空军作战能力的提升做出如此的贡献。这样的人应该成为我们这个时代的榜样。

5.5 就是上刀山下火海也要攻下技术难关

世界上有许多国家在数字式电传飞控系统的研制中都付出了沉重的代价。电传飞控属于国际顶尖技术，美国F-16研发时，就因为电传故障发生过坠机事件。所以，电传飞控系统对歼-10的首飞成功至关重要。当时，有些国外专家嘲笑说：中国人在这一方面还是小学生水平！甚至还有人断言：中国人通不过电传飞控这一关。面对各种各样的质疑，杨伟下定决心，就是上刀山下火海也要攻下技术难关！

杨伟带领着只有4个人的研发小组，几乎是吃住都在研究室里，用了整整三年时间，在毫无经验借鉴的情况下，课题组的科技人员以全新的思路攻克了一系列关键技术，实施了全系统数字仿真和原理试验；成功主持研制了地面综合动态试验设施——铁鸟台；主持研制了歼-10综合仿真模拟训练系统和综合自动检测系统，创造性地提出全任务构型、多级配置、系列化发展的设计理念，实现了高逼真作战环境下的单机训练、联网协同作战以及对抗训练；作为飞控系统总设计师，主持完成第三代先进战斗机的全权限、三轴四余度、数字式电传飞控系统的研制，并以其高可靠性大量装备部队。试飞员高度评价：“飞控系统表现很好，飞行品质均为一级！”

1998年3月23日凌晨，四川成都温江机场，歼-10战机即将在高度机密中完成首飞！那天，机场安静得出奇，有一个人心跳急速加快，他叫雷强，中国首席试飞员！雷强心里最清楚，在国外，第三代战机在试飞阶段，都无一例外发生过坠机事故。歼-10会不会一头栽倒发生坠机，几乎完全取决于杨伟负责的电传飞控系统的设计是否准确。每次试验，杨伟都会带着电脑设备，在歼-10战机的一侧进行测试，检查准备完成后，他就朝雷强竖起大拇指！

这一天，是歼-10首飞的日子，雷强非常紧张，杨伟比他更紧张。为了保证不出现任何一丝一毫的错误，这一天，杨伟测试了两轮，等到检查完以后，他非常有信心地朝雷强竖起了双大拇指！

平静了片刻，雷强向着这架飞机走去！14时28分，两发绿色的信号弹升空，随着一阵巨大的轰鸣声，机头昂起，巨大的机身离地，快速攀升，现场爆发出欢呼和掌声。17分钟后，飞机穿云而下，落地、降落、减速伞打开！对中国而言，这是历史性的一刻！

当飞行员雷强从战机中走出来，这位从未怕过死的飞行英雄，哭得抬不起头。宋文骢院士第一个冲上去，他紧紧拥抱雷强，这位头发花白的68岁老人，眼睛里全部都是泪水……

当时整个机场一片沸腾，所有人都喜极而泣！一直坐在地面监控指挥大厅监视器屏幕前的杨伟，也忍不住哭成了泪人！

作为飞控系统的总设计师，杨伟心里明白，这次成功首飞证明了，在飞控技术领域中国已经达到了世界先进水平。

1998年，35岁的杨伟受型号总设计师宋文骢的委托，全面主持歼-10飞机的设计优化、排故攻关和设计定型等的一线研制工作。他带领同志们经过大量的研究分析，提出采用优化组合的试飞方案和要求，使定型试飞起落架数大大减少、周期有效缩短。同时对试飞数据进行快速分析，不断探索进一步拓展试飞的有效方案。歼-10飞机是我国军机史上第一个实现当年定型、当年批量装备部队的战机。

杨伟院士在一次演讲中回顾那段岁月时讲道：

1985年研究生毕业后，我来到成都飞机设计研究所，也就是611所，参加当时国内唯一的航空重点型号歼-10飞机的研制，这一干就是30多年。我刚参加工作那会儿，研究生屈指可数。我被安排到飞行控制设计研究室工作，主要的任务就是研发当时在国内是空白的数字式电传飞行控制系统。电传飞控是歼-10飞机的四大关键技术之一，对提高飞机的性能、保证飞机的安全非常重要。我们是第一次搞，当时的话，我具体负责余度管理和“铁鸟”。所谓“铁鸟”，就是在地面组建一个1：1的全系统的地面实验室，让飞机在地面能够像在天上一样飞起来，所以一般俗称是铁做的鸟。

我是学力学的，刚参加工作就转向搞控制，又是如此重要的项目，如此尖端的技术，只有通过学习、探索、实践、再学习、再探索、再实践才能完成。很庆幸，西工大不仅给予了我知识，更培养了我科学探索的精神、解决问题的方法和团结协作的作风。1996年3月，“铁鸟”第一次实现了闭环飞行，当我像飞行员一样坐在模拟的座舱里头，按照自己的意愿自如地驾驶着先进战机的时候，心中是满满的成就感。

查看飞机

检查飞控系统

1998年3月23号下午，我在地面对飞机进行了两次自动检测，确认飞控系统一切工作正常后，举起双手向试飞员竖起两个大拇指头，示意一切正常，绝对没有问题，这实际上是一种信心的传递，因为飞控系统对首飞成功最为重要。之后，我坐着车赶向了地面监控指挥大厅，实时监控飞机上传下来的数据，飞机起飞，四圈绕飞，模拟着陆，非常完美的首飞。这是我人生经历的第一次首飞，虽然整个首飞过程，我没有目睹飞机起飞到着陆的英姿，因为我一直在监控数据，尽管在这之后，作为飞机总设计师，我又经历了七次新飞机的首飞，但是歼-10的首飞是我感到最激动的一次首飞。

5.6 中华民族不可欺，暗下决心创造奇迹

1998年，35岁的杨伟受宋文骢的委托，开始全面主持歼-10的设计优化等一线研制工作。然而，在歼-10秘密首飞成功仅一年后，1999年，中国驻南联盟大使馆被美军轰炸，2001年4月1日，美国一架侦察机侵犯我南海领空，王伟同志壮烈牺牲。

中国政府发表声明，提出最强烈抗议，愤怒的中国人纷纷走上街头，高举着标语：中华民族不可欺！那时候，杨伟心里着急啊，美军早在20世纪90年代

海湾战争中的F-15

歼-8

就列装了先进的F-15，可已经进入21世纪了，保卫中国领空的，还是20世纪60年代水平的性能落后的歼-8飞机！

杨伟望着已经首飞成功却只能摩拳擦掌，还不能列装空军的歼-10战机，在心里暗暗发誓，中国必须有一把真正的利剑，这一天，一刻也不能等了，必须早点到来！

就在王伟牺牲的2001年，38岁的杨伟被任命为“枭龙”战机总设计师。当时，他还在主持歼-10飞机的设计定型试飞和歼-10双座飞机的研制工作。针对能与美国最先进的F-22战机进行对抗的第五代战机歼-20也开始制定研制计划。

新千年伊始，歼-10双座飞机和巴基斯坦合作的“枭龙”飞机两项研制任务同时在成都飞机设计研究所展开。一个是急需装备部队的型号任务，军令如山、后墙不倒；一个是国际合作项目，市场牵引、信誉至上。两个型号的研制节点几乎重叠，都必须在尽量短的时间内实现首飞。

对于杨伟来说，那是他人生中最为繁忙的几年，形势异常严峻，当时时间已经非常紧迫了，为了将时间发挥到极致，杨伟带领研发团队迎难而上，以三班倒的形式，一周工作六天，每天11小时以上超负荷工作，经常要熬到夜里两三点钟，两型号研制任务齐头并进。歼-10双座飞机，在短短9个月内跨越了方案设计、初步设计和详细设计三个阶段，并于两年后设计定型，突破性地研发并使用数字式电传飞控系统，极大地提升了歼-10战机的实际战斗力，并在2003年完成歼-10双座飞机首次试飞任务。这是我国少有的“不拖进度、不降指标、不涨经费”的及时装备部队的大型军机项目。

仅仅8个月后，2003年8月25日，“枭龙”飞机从冻结技术状态到实现首飞仅仅历时23个月，令人震惊，也成功获得了巴基斯坦的“五星好评”。杨伟还因此获得巴基斯坦颁发的国家荣誉奖章——“卓越之

歼-10改进型试验现场

星”。这两个在外界看来“几乎不可能完成的任务”仅仅用了23个月就圆满完成！杨伟和他的团队创造了中国飞机研制历史上的奇迹。

2006年4月28日，装配了完整航电系统的“枭龙”04架飞机成功实现首飞。如今，“枭龙”飞机已经走出国门。2007年、2008年，“枭龙”飞机连续两年参加巴基斯坦的国庆阅兵典礼，受到高度赞誉。2010年和2011年，“枭龙”飞机先后参加英国范堡罗、中国珠海、土耳其伊兹密尔航展，再次获国内外广泛好评。

5.7 为中国早日成为航空大国，他每天只睡4个多小时

进入21世纪，中国航空工业迎来井喷式发展，平均一年一个新型号，为国人送上一份又一份欣喜。是几十万航空人的辛勤劳动和无私奉献，成就了并正在继续创造着事业的辉煌；是数万前赴后继的科技先锋和他们的光荣代表——一批精忠报国、才华横溢的总工程师们，谱写了新时代航空科技奋进的凯歌。

在宋文骢退居二线后，杨伟顺利接棒，挑起了成都飞机设计研究所的大梁，主导带领研发团队投入到歼-20战机的研发中去。在歼-20战机的研发过程中，关注的重点落在隐身、超机动等方面上，一改以往军方需求为主导的战机研究思路，转为开拓视野和格局、积极探索未来空中战役的趋势和需求，前瞻性地制造出适配性更高的战机。

歼-20战机在设计和性能上实现了跨时代的发展，更具备智能化、高机动性的优势，能让驾驶歼-20战机的飞行员比驾驶其他战机少花好几倍精力，大大提高了投入空中战役后的实用性和适用性。歼-20战机的面

世和全面投入使用，极大地提高了我国空军作战中攻击和防守能力，助推我国的军事实力更上一层楼。

为了中国早日成为航空大国，杨伟几乎每天保持着“三点一线”的状态。中午在办公室吃盒饭，晚上加班不一定到几点，最多的时候一天连开八个会……因为他比谁都更清楚，一架超级战机，决战的是未来天空，守护的是14亿人民的安全，歼-20首飞成功，接下来就是亮剑的时刻！

多年来，醉心于航天工业和飞机设计的杨伟已经习惯了每天只睡4到5个小时。对于这个习惯，杨伟觉得，身体是革命的重要本钱，首先身体素质必须要好，另外一点就是要有精神基础，要有一个追求，因为当有了追求，人就是自发自愿地干一件事，在这个情况下人不容易感觉到累，才能保持愉悦的心情一步一步往前走、往高处走。

对于航空事业，杨伟是发自内心的热爱，这也是他终生的追求，所以才能一直不怕累不觉累地带领团队往前冲。对于未来，杨伟始终抱着永无止境的态度，努力追求更高的层面，在他看来，中国早已经摆脱弱国的困局，已经有足够的能力成为国际上的航空工业大国。

正是有宋文骢院士、杨伟院士等一代又一代优秀的航空工业领军人才，我国的航空工业才能从弱国的困局中打了个漂亮的翻身仗，一举成为国际航空工业大国。

如今，杨伟院士对于我国航空工业领域的高精尖发展方向有着自己的独特展望，依然坚定地走在我国第六代战机的研发之路上，带领着朝气蓬勃的研发团队冲击世界最新战机的顶峰。

杨伟在中国航空工业和战机设计上的贡献大家有目共睹，因此他被授予多种荣誉称号和奖项，但他没有骄傲自满，更没有停下继续探索前进的步伐，依旧以温文儒雅、积极求索的态度继续着“拼命三郎”的科研工作。

杨伟代表了我国航空工业乃至科学发展年轻化的一大趋势，源源不断的新鲜血液正流淌在我国各个先进的领域中，带来无限的生机和活力。

宋文骢院士曾对杨伟意味深长地说，做飞机总设计师可不容易啊！需要太多的努力和机遇。是啊，从后来的“枭龙”战机到歼-10、歼-10系列改进型飞机，再到第四代战斗机歼-20，我国实现从跟跑到并跑，从必然王国走向自由王国的过程中，有多少艰辛的探索，有多少孜孜不倦的追求。

5.8 “枭龙”战机在信息化作战能力上将有大幅提高

作为“枭龙”总师的杨伟在接受记者访问时，回答了“枭龙”第三批的研制情况，杨伟总师说：“‘枭龙’正在做第三批，在‘枭龙’飞机的机体平台上会实现更强的信息化作战能力。”在回答记者会有哪些国家购买时，杨伟总师笑言：“来买的国家很多，签一个你就知一个。”

对于“枭龙”后续型号的研制，经历了从一批次到具有空对空、加油能力改进的航空电子设备，增强的载重能力、数据链和电子战能力的二批次性能逐步提升，再到第三批为“枭龙”的重大升级改进型号。

正如杨伟总师所言，“枭龙”在信息化作战能力上大幅提高，其最大的特点就是采用新一代的机载相控阵火控雷达。在2018年珠海航展上展出了风冷有源相控阵雷达已经安装其上的“枭龙”战机，并进行了领先试飞，雷达的优异性能表现十分突出。

而新型的头盔显示系统将为飞行员提供飞行导航、武器攻击信息、引导大离轴导弹雷达、红外等目标快速搜索截获，极大地提高飞机的格斗和姿态感知能力。装备新型雷达和盔显后，其在战场态势感知能力方面，将向世界上的第四代战机看齐，与欧洲新型的阵风-鹰狮E媲美。

5.9 中国第五代战机歼-20横空出世，一飞冲天

2011年1月11日12时50分，成都市温江机场天气很凉，人心很热，场内外数百人的目光都被一架外形科幻的新型战机所吸引。伴随着项目行政总指挥首飞指令的下达，瞬间，发动机发出了巨大的轰鸣声，只见飞机拖着长长的尾焰，呼啸着从现场的无数双眼睛前滑过。加速，再加速，一眨眼的工夫，它便如一道闪电，带着呼啸，腾空而起，直插云霄。原本安静的现场爆发出雷鸣般的掌声。转弯，低空通场，再次转弯，低空通场……随着飞行，所有人都站了起来，不断呐喊着，向天上的飞机挥手。

这一刻，历史的指针停留在2011年1月11日下午1时11分！不多不少的8个“1”，纯属巧合，但颇有感情色彩！从被外国专家嘲笑是小学生，造不出“电传

飞控”，到第五代战机歼-20一飞冲天、惊艳世界，中国人只用了短短20余年的时间。

这一次，再也没有人讥讽中国人是小学生，外国专家盛赞歼-20的总设计师杨伟，是一位真正的天才；外媒酸溜溜地说中国的歼-20团队，简直就是一群“疯子”！不管是天才还是“疯子”，杨伟从未停下前行的脚步！几代航空人薪火相传，20余年矢志奋斗，我国终于有了可以匹敌当今世界最先进战机的新一代战斗机。

2016年11月1日，中国大地上，最让人激动不已的事件莫过于两架歼-20组成的编队，在第11届珠海航展开幕式上第一次公开亮相！惊世一瞥，绝尘而飞，让14亿国人振奋，让数十万空军官兵和航空工业员工自豪。歼-20是当之无愧的中国第五代战机的扛鼎之作。

2017年7月30日，在庆祝中国人民解放军建军90周年朱日和沙场点兵，歼-20整装集合，蓄势待发！三架歼-20战机通过阅兵台上空，成为阅兵场上空的亮点，当时驾驶歼-20战机的飞行员用“静如处子，动如脱兔”来形容歼-20战机的驾驶体验。

2017年9月28日，国防部新闻发言人吴谦大校在国防部例行记者会上证实：歼-20战机已经正式服役、

2016年11月1日在第11届中国航展上两架歼-20战机编队亮相给观众留下深刻印象

2017年7月30日，在庆祝建军90周年的阅兵式上，三架歼-20战机通过阅兵台上空成为阅兵场上空的亮点

列装中国空军！人民空军从1949年的一穷二白，到一代猛龙出鞘、剑指长空，这支伫立在东半球巅峰上的雄鹰，终于一飞冲天、傲视寰宇。

2021年9月28日，在第13届中国航展上换上“中国心”的歼-20以新装备、新编队、新姿态首次飞过珠海上空，这也是歼-20换装国产发动机后首次对外公开展示。被誉为“歼-20之父”的杨伟在第13届中国航展上“凡尔赛”发言迅速登上热搜。

正如杨伟院士在一次演讲中说：像歼-20，在世界上独创了升力体边条鸭式布局，具有很好的隐身性能，又有很强的超音速和机动飞行能力，既有大的作战半径，又能装载更多武器。另外，在战场态势感知、信息对抗、机载武器和协同作战等方面，实现了很多突破，拥有不少绝招。作为总设计师，杨伟真切地感受到战机是有生命的、有品质的、有精神的，是设计师团队根据对未来战争的理解进行科技探索、长期钻研、艰苦攻关、创新发展的结晶。

5.10　歼-20战机是全球最出色的五代机之一

杨伟院士举过一个非常生动的例子，他说：大家可能不太清楚，在现代战斗机的设计中，稳定和灵活工作是一对非常难以调和的矛盾，稳定就像杂技演员鼻子上顶一根筷子，你必须要时刻调整头的位置，才能让筷子不掉下来；灵活就像体操运动员那样，要怎么翻身打滚，就能怎么翻身打滚。

歼-20为什么是世界公认的大国重器？而该战斗机又是怎么成为中国骄傲的？我们必须深刻了解歼-20的战略功效，充分认识歼-20战机的重大意义。

歼-20被称为“威龙”，是具备高隐身性、高态势感知、高机动性等能力的隐形制空战斗机。当代的国防重视科技，而并非重视数量。早在2007年，歼-20便进入中国重大研究队列，歼-20项目成立的初衷也是希望借由研发过程，让我国可以彻底掌握第五代战斗机的科研技术力量，这对于增强中国空军实力有着深远作用。庞大的科研团队，经过4年的不懈努力完成研制，歼-20终于在2011这年完美实现了首次飞天。又经过整整5年的反复调试，于2016年12月第一批歼-20开始正式服役。

歼-20的机身长达20.3米，机翼12.88米，最大时速为2.5马赫，歼-20的综合实力远远超过了美国的F-22猛禽战斗机，要知道猛禽战机只有2.25马赫，并且歼-20的作战半径高达2000千米，这是F-22作战半径的2倍。如此超远距离的作战能力，意味着歼-20不但能够完成航空作业，也可以随时跨洋过海实现战斗打击，为中国未来空战打下坚实基础。

歼-20的设计打破了传统规律，并不是一味模仿其他国家战斗机的结构，而是运用了双激涡流升力边条翼鸭式气动布局，这样新型的机身构造有助于战斗机实现优良的超音速作战，在空战时实现高攻角升力，以及高顺盘的旋角速度，进而促成战斗机实现高难度机身调整，从而更轻松地夺取空战主动权。并且歼-20装载着霹雳-10格斗短距离导弹以及相适应的头盔瞄准器，这保证歼-20能够完成越肩侧向后的精准打击，极大地增强了歼-20空战的灵动性与机警性。

此外，歼-20拥有超能的隐形性，官方表示，歼-20的隐形能力早已超过美国多种隐形战机。歼-20的火力作战能力也是世界顶级的。

美国军事专家表示，歼-20装备的飞弹将极大地加强中国空军的区域拒止能力，进而可以真正快速地破坏敌军战机，最后获得空战的主动权。歼-20强悍的性能，让北约等西方军政组织用“威龙”一词来形容，不仅如此，美国的主流媒体更是给歼-20安排了更加威猛的称号“烽火獠牙”。

然而，任何一项先进技术的诞生必然离不开日日夜夜奋斗在岗位上的科学家的技术突破，同时，歼-20战机编队的完成需要大批航空技术人才。

5.11 歼-20战机迎来重大改进，全新突破，激动人心

2021年，第五代战机歼-20在长春进行了一次密集的编队飞行表演，有不少细心的军迷朋友发现，歼-20战机换了“新装”，换上“新装”的歼-20战机可以说是全身靓丽。但是有四处格外凸起，这是怎么回事呢？原来是在机翼后缘处有四个“长歪了”的鼓包。一般来说，机翼后缘处的鼓包是为了让其更具隐身性，符合整流罩设计，但是歼-20战机的鼓包看起来就像是长歪了，整流罩似乎转了180度，看起来十分怪异。对此，杨伟总师表示，不用担心，这并不是设计上的失误，而是歼-20的一个全新突破。光从外表看，确实有些别扭，但是这种造型更加符合系统设计。歼-20在设计过程中有过很多的设计版本，但是因隐身效果不达标，阻力太大而淘汰了。之后设计师剑走偏锋，设计出了这个歪斜的鼓包，却意外发现这样能够偏向精细化设计以及气动减阻。另外，鸭翼、测单仓以及大型后缘边条都是成都飞机设计研究所的“怪异”设计，但是都取得了惊人的效果。现在受很多美

式战机影响，各国战机设计大多千篇一律，在这里不得不佩服成飞设计师的创造力和想象力。

可以预见，在不久的将来，中国国产航空发动机即将迎来一次全面的突破。有信息表明，歼-20B隐身战机已经在紧张有序的研制之中，不出意外，很可能很快就会投入批量生产阶段。

对于歼-20B隐身战机会作何改进？目前来说还只有外界猜测，而没有官宣消息。有媒体记者在珠海航展现场提问总设计师杨伟，想知道歼-20隐身战机是否会用上国产先进矢量推进发动机？对于这个问题，作为歼-20总设计师的杨伟，给出了非常精巧的回答：“你的问题是什么时候可以用上，但你怎么知道没有用上呢？”从杨伟总师的回答不难品味出，歼-20B隐身战机实际上一直都存在换装矢量推力发动机的计划。矢量推力发动机拥有可全向或者双向偏转的发动机尾喷口，对于现代喷气式战斗机的机动性能提升极大，虽然歼-20B隐身战机的设计定位不是近距离格斗空战，但是矢量推力发动机依然可以帮助歼-20隐身战机实现更强机动力，拓展战场能力和战术选择，以更灵巧的机动动作躲避来袭的敌方导弹，对于扩展雷达搜索范围也有很大帮助。可偏转的矢量发动机尾喷口，对于战机的起飞降落也有巨大提升，可用的起降影响隐身战机更大，即便是较短的跑道上也能起飞降落。杨伟总师的回答可以说是一语双关，既暗示了未来歼-20改型的发展趋势，同时也证明了歼-20必将换装带有矢量推力的国产先进航空发动机。结合眼下歼-20B隐身战机已经在研、即将量产的消息综合来看，完全称得上是激动人心。

5.12 “天上不止15架，地上还有一大堆”，数量对于我们太重要！

初步了解了歼-20的性能与战略功效，我们就可以充分认识歼-20数量的重大意义。2021年9月，歼-20总设计师杨伟在第13届中国航展上的发言曾登上热搜：“歼-20实现批量装备部队，今年‘七一’时15架歼-20飞过天安门，实际上天上不止15架，地上还有一大堆。”“我们的飞机再也不用飞两遍了。”网友纷纷表示“这波凡尔赛大师级别的了”。这表明我国第五代战斗机的量产能力已经稳定，那么我国到底有多少歼-20战机呢？

通常来说，参加阅兵仪式的战斗机会在地面相应放一到两台预备战机，这表示那天15架歼-20飞越蓝天的时候，天安门广场附近至少会放有15架预备机，甚至是30架预备机，由此可以推算，参加党的百年诞辰庆典的歼-20战机数目将在30架到45架之间。

庆典之后，曾有记者对于歼-20飞行员和军方进行了访问。军方表示，目前我国歼-20数量足以装备4个空军旅，目前一个空军旅最少可以装配40架战斗机，4

个空军旅至少是160架，由此可估，中国歼-20的总数目在160架左右。而香港的《南华早报》的报道中也有类似的评估。军方表示，我国将安置这些空军旅，去到中国东西南北中五大战区，这表示，我国将来歼-20的规制会维系在180架以上，这样才可以使得五个战区拥有均等的歼-20空战实力。

2021年官方宣布了第二支装备歼-20战斗机空军作战部队的名称为“强国先锋飞行大队”。而第一支装备歼-20战斗机的空军作战部队名称为“王海大队”，这支队伍的名字用以纪念空军英雄王海的伟大战绩。王海参加了抗美援朝战争，在空战情况4打12的劣势下，创下了6:1的传奇战果，重重打击了美国空军。用英雄的名义来称呼空军大队，这绝对表现出我国对保卫家国利益与世界和平的强大决心。因此，歼-20的量产对中国而言具有非凡意义。

歼–20总设计师杨伟任中航工业副总经理

依照当前态势看来，歼-20战斗机的性能名列世界前茅，而美国素来都是靠空军规模来彰显武力，但F-22猛禽战斗机的数目仅180架，性能方面远远逊色于歼-20，所以我国若能够大规模提升歼-20的数量，那么，中国的空军实力将直接一跃成为世界最强，到那时中国就可以更加从容地应付来自境外反华势力的空域和海域的骚扰。世界和平不是嘴上说说就可以做到，唯有自身武力强大，敌对国家才不敢来犯，相信将来的中国会越做越好，越做越强。

5.13 以精益设计和敏捷管理为核心，构筑现代化的多项目管理新模式

近年来，多个重大型号项目并行研制，参研人员以超常意志连续拼搏，十分艰苦。这给高效的资源配置、准确的进度节点、合理的经费需求，特别是技术状态的控制与管理带来了极大的挑战。

杨伟敏锐地意识到：未来，集群而来的任务必将空前繁重，仅仅靠拼体力、拼消耗来拼任务，难以为继，无法迎接更大的挑战。作为多型号的总设计师，不能光鼓励大家苦干，必须要有科学的管理方法使资源最优化。

于是，他高瞻远瞩，积极组织创建新的大型武器装备研制管理平台。在设计师系统引入现代管理理念、建立柔性组织、实施设计流程再造、运用大量数字化设计等先进手段，以精益设计和敏捷管理为核心，构筑现代化的多项目管理新模式。创新的研制管理模式，促进了主机厂所之间研制技术、研制设施和制造技术的协同运行，确保了研制全线高效率、快节奏的运行，保障了不同项目、不同研制阶段的风险控制和有效管理。

杨伟致力于打造先进战机，并以航空为主体，引领包括电子、信息、材料、机械、冶金、化工等领域最先进的集合体上台阶。注重技术和业务流程的创新、方法论和研发模式的创新、软实力和硬实力并重的基础提升。

在型号研制中，杨伟严格要求设计师系统必须有超前的想法和切实的行动。他始终站在全局的高度，研究确定设计方式和理念；始终遵循合理高效的原则，选择确定设计软件和规则。他注重每一个细节，同时从便于制造的角度出发，进一步加强协调、沟通、权衡，更加高效顺利地按节点圆满完成研制任务。

“打造跨代新机、引领技术发展、创新研发体系、建设卓越团队。”通过杨伟团队的集智倾力、超常拼搏，已呈现雏形。

杨伟既是重大科研成果的创造者，又是崇高思想品格的践行者。在科技领域取得成就，不仅需要丰富的科技知识、创新的思维能力，还需要高尚的思想品格、顽强的拼搏精神。他反复向团队强调：“要进一步增强使命感。能承担国家最重要的航空武器装备研制任务，本身就十分光荣。忠诚，是我们应有的态度。”

浓烈的爱国情怀，是他内心明辨方向的指南针；纯真的赤胆忠心，是推动他持续向前的澎湃动力。他坚持以报效祖国为最高荣耀，在创造一流的科技业绩中书写人生辉煌。

在繁重的可研设计中，也有极度疲惫的时候，听到中层干部汇报“大家简直是在拼命啊……”，杨伟的心情很沉重，他说：“我已不忍心再说什么，我们的同志已经尽了该尽的力。作为总师，我只能拜托大家，再鼓一把劲，再咬咬牙，再撑一撑，一定要守住节点！”

他自己，则始终冲锋在前。作为具有37年党龄的共产党员，他深知自己肩上的神圣使命；作为长期从事航空工程技术工作的科技工作者，中国和世界的差距，他心明如镜。清醒的民族责任感一刻也不曾离开过他的内心。

“飞机设计是一个庞大而复杂的系统工程，我和我的同事们构成了一个很好的团队，一个上万人的团队。大家互相协作支持，克服着前进道路上的各种困难，朝着一个共同的目标努力。作为总设计师，我所做出的任何决策，都是全体参研人员共同智慧的结晶。成绩和荣誉应该属于大家。”谦谦君子温润如玉的人格魅力，从他朴素的话语中自然散发。

随风潜入夜，润物细无声。在杨伟潜移默化的感染和激励下，一批传承奉献创新精神、具有先进设计理念、掌握先进技术的优秀技术和管理人才，已经形成梯队，想从未来发展所想，行从现实实际而行，推动着我国航空工业科技持续创新、不断发展。

5.14　从歼-20战机说说战斗机的划代

说起当代最先进的战斗机以及全球第五代战机，中国歼-20这颗耀眼新星当之无愧，歼-20出色的性能，使得中国的战斗机设计研发水平一举进入能与美国F-35战机平分秋色的时代，在全世界拥有五代机的寥寥数国之中，中国属于完全自主设计研发。不得不说中国的进步是百尺竿头更进一步。然而，我们常常会看到有的文献资料说歼-20是第四代战机，有的说是第五代战机，某一款战机是第几代第几代，也是军迷们经常喜欢讨论的一个话题，在此我们做个简要介绍。

关于战斗机的划代，目前有“四代”和“五代”两种说法。“四代”法，以世界上第一批实用的超声速战斗机（典型机型是美国的F-100和苏联的米格-19）为第一代，即“超声速战斗机”划代法，这曾经是除俄罗斯以外各国普遍采用的划代法。

俄罗斯则把战斗机划分为“五代”，区别在于把“四代”法中的第二代分成两代，即把米格-23变后掠翼战斗机单独列为一代。

美国的“五代”法最早由洛克希德·马丁公司在2006年提出，后经美国军事史专家、航空航天博物馆前馆长沃尔特·博伊恩2008年在美国《空军》杂志系统阐述，形成了一种新的战斗机划代法。这种划代法把最早出现的喷气式战斗机列为第一代，把高亚声速后掠翼战斗机列为第二代，把低超声速战斗机和Ma2一级的战斗机列为第三代。这种划代法可以说是“喷气式战斗机”划代法。

自2008年以来，美俄都采用了各自的战斗机“五代”划分法。从形式上看，美国和西方国家正在向俄罗斯的“五代”划分法趋同，实际上各自的划代仍有较大差异。主要差异体现在对早期机型的“五代”划分法的认定上，而对现役先进机型的“代”的认定基本一致。

我国在正式场合和官方文件中，对于战斗机的划代仍继续使用“四代”法。而媒体在描述当今先进机型和未来机型时，频繁出现“第五代”“第六代”的字眼，但因划代方式的不一致，而不得不附加说明，如“按美国划代”或“按俄罗斯划代”等。

鉴于国际上已不再使用“四代”法，我国也逐步采用“五代”法。美国、俄罗斯两个航空大国都是根据其本国战斗机的发展道路来给战斗机划代的，我国究竟应该采用什么样的“五代”法呢？编者认为可以根据本国的航空发展史，参考美俄两国的战斗机划代方法，设计出一个中国式的战斗机划代法，并把相应的中国战机列入其中，以利于规划工作和认识战斗机发展规律。

在战斗机发展史上，最早出现的亚声速、高亚声速战斗机具有重要地位，在战斗机的划代中，不应把这些机型排除在外。因此，以超声速战斗机划代为基础，将亚声速和高亚声速合并作为第一代，以此构成一种新的喷气式战斗机划代方法，相对合理，也能较完整地反映战斗机的发展历程。

据此，我大致将各代战斗机的主要特征和典型机型归类如下：

第一代战斗机，20世纪30—40年代的亚声速和高亚声速战斗机（Ma0.6 ~ 0.98），代表机型有俄罗斯的米格-15、美国的F-86、中国的歼-5。

第二代战斗机，即第一代超声速战斗机，20世纪50年代初开始服役的低超声速战斗机（Ma1.3 ~ 1.5），代表机型有俄罗斯的米格-19、美国的F-100、中国的歼-6。

第三代战斗机，即第二代超声速战斗机，20世纪60年代末开始服役的Ma2.0一级的战斗机，代表机型有俄罗斯的米格-21、米格-23，美国的F-4、F-104，中国的歼-7、歼-8。

第四代战斗机，即第三代超声速战斗机，20世纪70年代中期开始服役的以高机动性为主要特点的战斗机，代表机型有俄罗斯的米格-29、苏-27，美国的F-14、F-15、F-16，中国的歼-10、歼-11。

第五代战斗机，即第四代超声速战斗机，21世纪开始服役的新一代战斗机。具备高信息化、高敏捷性、低可探测性、超声速巡航和短距起降能力等基本特征。代表机型有美国的F-22、F-35、T-50，中国的歼-20、歼-31等。

有资深航空科普专家建议，为了让广大航空爱好者简明易记，中国战机的划代大致为：第一代歼-5，第二代歼-6，第三代歼-7、歼-8，第四代歼-10、歼-11，第五代歼-20、歼-31。

战斗机的划代并非一个原则性的重大事项，但有助于表征航空装备的特点，有助于比对和借鉴装备发展的规律。“代”的划分只是相对概念，只是在宏观意义上的归类，并不能确切地表征其作战能力，更不是一种技术标准。在武器装备的规划与研发中，最根本的还是要依据国情军情，以需求牵引和技术推动相结合的原则，讲求独特性、创新性、适用性和实用性，以实际的战斗力来衡量装备水准。

5.15 总设计师的人文情怀——《写给2035年的歼-20》

久居台湾的诗人余光中在1972年写过一首如泣如诉的《乡愁》。

小时候，乡愁是一枚小小的邮票，我在这头，母亲在那头。

长大后，乡愁是一张窄窄的船票，我在这头，新娘在那头。

后来啊，乡愁是一方矮矮的坟墓，我在外头，母亲在里头。

而现在，乡愁是一湾浅浅的海峡，我在这头，大陆在那头。

2017年12月，歼-20总设计师杨伟借鉴余诗，一反悲怆，唱出雄洪激越的《写给2035年的歼-20》，这刷爆了航空人和军迷的朋友圈，并被广为传播。下面我们一起来欣赏：

出生时，你是西南一隅的电光石火，喜悦在这头，质疑在那头。

长大后，你是珠海航展的惊鸿一瞥，自豪在这头，振奋在那头。

后来啊，你是祖国海天的坚强卫士，担当在这头，威慑在那头。

而现在，你是战鹰家族的不老传说，引领在这头，希冀在那头。

四行诗，四个时间点。第一句歼-20下线，第二句航展亮相，第三句量产服役，第四句放眼未来。句句有所指，行行含深意。一首诗，串起歼-20十年成长路。2011年验证机首飞；2012—2015年多架原型机试飞，持续改进；2016年、2018年先后在第11届、第12届珠海航展亮相；2016年底首批量产机交付空军，而后逐步提升产能，持续交付；2017年之后建军阅兵、抗战胜利日阅兵和中国共产党百年庆典等亮相。

杨伟院士说：在2035年能立最大功的就是歼-20飞机，未来的歼-20飞机潜力无穷，不仅能上航母还可以改成其他用途的机型，我们还会继续向前发展，只要国家需要我们做什么，我们就会有适应的新的战机出现。杨伟也曾对广大军迷表示“你们的期待都会实现”，这就是中国航空的底气！

作为可与世界顶尖战机抗衡的中国新机，其威力与战力已经展现。动力的进步与自主保障的实现，还将使其性能得到提升；即使到2035年，“威龙”仍然威猛，传奇还将延续。这是作为总设计师又作为诗人的杨伟院士的情怀，也是大家深信不疑、必能实现的愿景。

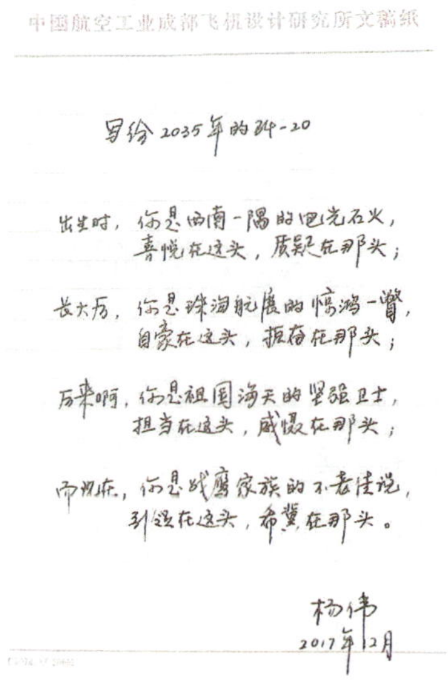

中国航空工业成都飞机设计研究所文稿纸

写给2035年的歼-20

出生时，你是西南一隅的电光石火，
喜悦在这头，质疑在那头；

长大后，你是珠海航展的惊鸿一瞥，
自豪在这头，振奋在那头；

后来啊，你是祖国海天的坚强卫士，
担当在这头，威慑在那头；

而现在，你是战鹰家族的不老传说，
引领在这头，希冀在那头。

杨伟
2017年12月

5.16 “我的梦想是，未来世界战机标准由中国来定！”

面对取得的巨大成就，杨伟极为清醒地说：歼-20只是走向“中国制造2025”途中，所完成的一个小目标，我们还会继续研发新的战机。那么中国的下一代战机到底什么样？杨伟院士豪情万丈地回答：“下一代战机一定是机械化、信息化、智能化的集合体，而我的梦想是，未来世界战机标准由中国来定！”

本着装备一代、研制一代、预研一代的战斗机研发原则，在歼-20服役时，我国第六代战斗机的预研工作应该也在稳步推进中。杨伟在2020年公开发表的《关于未来战斗机发展的若干讨论》一文中，阐述了我国下一代战斗机的发展方向，他指出“信息为王”和“智能为王”将是大势所趋。至于国产六代机的具体外形，杨伟在接受央视采访时曾说，我国未来战斗机可能是科幻片里的变形金刚，甚至是科幻片里还不曾出现过的飞机，这无疑给人留下了无限遐想。

一份公开专利也许印证了杨伟院士的说法，我国下一代战斗机在气动设计上，也许真的很像变形金刚。该专利展示了未来隐身战斗机的一种可变气动布局，与20世纪60年代兴起的可变后掠翼布局只能改变机翼后掠角不同，该机能在飞行中和在机动气动布局中任意切换。专利中的未来隐身战斗机将沿用歼-20的基本设计，具有相同的升力体边条翼设计，但机翼面积更大，且改为菱形平面形状，机翼后缘内侧嵌入了一对上下翻角可变的全动尾翼，在飞行中能变身为外形垂尾，平尾和下翻腹鳍。

除此之外，该机机翼前方的鸭翼也是可变设计，和F14A的依靠扇翼一样，能收入进气道两侧大边条中，通过鸭翼和尾翼的可变设计，该机能在飞行中根据需要在鸭式、三翼面、无尾三种气动布局中无缝切换，比如该机可在超音速巡航中可收起鸭翼，放平尾翼变成六代机常见的无尾气动布局，在大幅减少波阻的同时最大化隐身性能。

如果是视距内空战，该机可以放出鸭翼，并下放尾翼，成为经典的三翼面布局，凭借鸭翼的增生和平尾的配平作用来最大化机动性能。在起降中，该机则可把尾翼上翻成为外倾双垂尾，并放出鸭翼，成为经典鸭式布局，提高低速升力特性。

总之，不管在什么作战环境中，可变气动布局都能让该机在隐身和性能之间取得最佳平衡，为了保持高机动性和在无尾模式下提供方向控制，该机尾部还安装有两具轴对称全向矢量尾喷管，作为一种高升阻比、高机动性隐身平台，该六代机除被作为有人驾驶战斗机外，还可发展为无人空战平台。

当然，这份专利只能代表我国对下一代战斗机的可行性研究之一，并不一定能成为现实。但其设计之大胆，脑洞之大，已经足以在全球六代机预研方案中占据重要地位。正如杨伟总工程师在2018年全国两会期间所说的：“在战斗机的研究领域，我们已经进入了自由王国。”

5.17 祖国从未忘记，人民时刻眷念

21世纪初，不要说国外，就是国内，也有不少人质疑中国航空人的创造精神，认为难以如期自主研发出第五代战斗机。但航空人用数代人的积累、数十年的磨砺，克服了难以想象的困难，奇迹般地攀上这一高峰，向祖国奉献了一款名机杰作，并将其快速转化为实战力，实现了跨越，开始走上与强者同台竞技的舞台。

对我国歼-20战机有研究的小伙伴，一定对歼-20的总设计师和总工程师印象十分深刻。之前中国的飞机研究仅仅是亦步亦趋勉强跟得上美俄次一代战机的步伐，而如今的歼-20已经可以让美俄惊叹，“歼-20

之父”杨伟院士的卓越功勋赫然在此。

杨伟长期从事战斗机的设计与研发工作，是我国新一代歼击机电传飞控系统的组织者和开拓者，为我国航空科技和武器装备发展做出了突出贡献。

正是因为有许多像杨伟这样出色的科学家，中国的科技才从跟跑做到了并跑，有些领域甚至领先世界。杨伟为祖国的战机设计、研发事业撑起一片蓝天，是当之无愧的国家栋梁，也是让国人骄傲的天才科学家。

自豪骄傲之后，我们绝不能忘记，中国人是用了怎样的艰辛与悲壮，才让歼-10、歼-20飞上蓝天，从宋文骢到杨伟，一代代航空人，做出了怎样的奉献与牺牲！由于职业的特殊，中国航空人习惯于隐姓埋名，中国航空人享受着低调与从容。

实干兴邦，是航空人的追求；埋头奉献，是航空人的秉性。但祖国从未忘记，人民时刻眷念。在2017年劳动者的节日里，十二位英杰当之无愧地接受了掌声和欢呼，航空人收获了来自人民的关注和褒奖。

照片里的杨伟，随着歼-20的有限解密，如今已成国人的偶像。中国新机英姿展现，令国人激动与自豪。中国航空事业取得了令世人瞩目、令国人自豪的历史性进步，我们迈入了一个崭新的时代。

2017年4月26日十二位航空总师合影
［从左至右：庄楚炯（Y-8通信指挥机）、黄领才（AG600）、欧阳绍修（空警500）、吴希明（直10）、杨伟（J-20）、唐长红（Y-20）、孙聪（J-15）、樊会涛（霹雳系列空空导弹）、赵霞（某型飞机）、董建鸿（新舟700）、李屹东（翼龙无人机）、赵利强（闪电10空空导弹）］

近年来，编者有幸得以走近一代代航空人，走近火热的研制生产一线，观其英姿，得悉其时讯近况，挚爱与自豪之情总会油然而生。而更让我感奋，对祖国航空事业充满信心的是，由歼-20到运-20、歼-15、歼-16、C919等，航空新产品集群式问世，以杨伟等院士专家为代表的一大批奋斗在一线的航空大军，正在难得的历史机遇中，创造着无愧于时代的一个又一个辉煌。

我们的事业呼唤大师、呼唤大家，尊崇大师、尊崇大家，就是承认和尊重杰出人物的不凡劳动与独特贡献，就是尊重科学、尊重技术、尊重创新。中国航空科技领域已经和正继续诞生着比肩世界的设计大师、专业名家和型号之父，为他们喝彩，期待他们做出更大成就，也希望这样的人多些，再多些！

◎杨伟院士语录

只要国家需要我们做什么，我们就会有适应的新的战机出现。

在产品中见证创新发展，在成果中实现自我价值。

我们既然选择了远方，便只顾风雨兼程。

后记

2021年9月初，成都市科协领导告知有意让我参与青少年励志丛书《院士的故事3》的编写工作。首先，我感到这是一项激励青少年勤奋学习、追求梦想、热爱国家、热爱科学的事业，是一项功德无量的好事。其次，这项工作正好与我长期从事科技工作，研究科学家精神所契合。因此，我很快写了一个简要的《院士的故事3》的编写工作方案和计划递交成都市科协领导。

接着，我对四川省和成都市籍两院院士做了大致了解，按照《院士的故事》丛书的编写定位、要求和模式，选择了五位院士，按出生年月依次介绍。一代数学宗师柯召院士，四川大学的老校长，现在的人们也许不大了解，但我在40多年前了解过他的事迹，从未忘却。著名核物理学家、受控核聚变研究的开路人李正武院士，是我的同行前辈，也是与著名科学家钱学森同船归国的爱国科学家。被誉为“中国太赫兹之父”，电子科技大学的原校长刘盛纲院士，是我所著《钱学森与四川》中涉及的人物，一位勇于不断创新的科学家。通信与信息系统专家、我国空间监视技术领域主要开拓者陈鲸院士，是我近年来在弘扬科学家精神开展科普讲座时结识的良师益友、尊敬长者。歼-20战机总设计师杨伟院士，应该是广大有志于航空强国、航空报国的青少年成长学习的榜样。

五位院士所经历的时代各不相同，在他们的人生故事里留有鲜明的时代色彩。柯召院士和李正武院士是1949年前后第一代归国的著名科学家，他们身上最鲜明的特点就是爱国，用他们的话说：“回国不需要理由，不回国才需要理由。”刘盛纲院士和陈鲸院士出生在20世纪三四十年代，是新中国培养起来的第一代著名科学家，他们童年时历经日本侵略中国的战乱磨难，他们一生感恩共产党，感恩新中国培养他们成长和成才。杨伟院士是生在新中国、长在红旗下的杰出科学家，从小立志要当科学家，树立实现科技强国的梦想。他们特色鲜明的精彩人生正构成了这本书的特色。

五位院士所涉及的学科领域有数学、核物理、高能电子学、信息科学和航空科技，都是现代科学技术的基础学科，是尖端前沿学科领域，也是有志于从事科学技术工作者所必须掌握的学科和感兴趣学科。所以学习前辈们成才战略、治学方法，很有必要。

在收集资料和编写书稿的过程中，我走访了四川大学、核工业西南物理研究院、电子科技大学、西南电子电信技术研究所、成都飞机设计研究所和成都飞机工业（集团）有限责任公司等单位，得到相关单位的支持，使得写作比较顺利。

本书的定位是青少年励志丛书，我们希望在有限的篇幅里，尽可能展现出每一位院士人生比较完整的形象。因此，我们不仅选取每一位院士勤奋学习、探索科学、寻求真理、勇于创新的故事，也讲述了每一位院士为国家命运和民族前途而奋斗的故事。本书素材虽大多来自公开资料和部分院士丛书，但我把他们作为一个群体写在一起，我用我的眼睛看他们，文中浸满我对他们的爱戴和尊敬。读者一定能从每一位院士的故事里受到启发、获得感悟，激励自己勇毅前行。

冬去春来，生机勃发，经过半年多的努力工作，《院士的故事3》书稿终于完成。这本书能够面世，首先要感谢成都市科协领导的大力支持，感谢西南交通大学出版社领导和编辑的辛勤工作，也要感谢我走访过的相关单位和领导及朋友们的鼓励与支持。限于编者学力，书中不足之处在所难免，敬请广大读者指正。有人说，读一本好书可以改变一个人的一生，冀望《院士的故事3》正是这样的一本书。

王文华

2022年壬寅新春

于成都金色乐府